Las reglas del amor

Las reglas del amor

Aline Hernández y Dr. Juancarlos Ortiz

Grijalbo

LAS REGLAS DEL AMOR

©2003, Aline Hernández y Juancarlos Ortiz

D.R. © 2003, por Editorial Grijalbo, S.A. de C.V.
(Grijalbo Mondadori)
Av. Homero núm. 544,
Col. Chapultepec Morales, C.P. 11570
Miguel Hidalgo, México, D.F.

www.randomhousemondadori.com.mx

*Este libro no puede ser reproducido,
total o parcialmente.
sin autorización escrita del editor.*

ISBN 970-05-1620-2

IMPRESO EN MÉXICO

Índice

Acerca de Juancarlos Ortiz 9

Agradecimientos 11

Prólogo 13

Presentación 17

Introducción 23

1. Mi esposa, mi amante y un bebé en camino 29
2. ¿Mi novio bisexual? ¡Eso nunca! 51
3. ¿Cómo? ¿Codependiente yo? 67
4. Una vida diferente 103
5. Mamá soltera 120
6. El brujo don Melchor 142
7. Amor, drogas y decepción 161

8. La identidad sexual
      y el abuso infantil 178
9. Papás, ¡atención con sus hijos! 210
10. Chicas solas 235
11. Las reglas del amor 255

Acerca de Juancarlos Ortiz

El doctor Juancarlos Ortiz nació en la Ciudad de México y actualmente radica en Los Ángeles, California. Realizó estudios de posgrado en teología y psicología en la Universidad de Chicago y el McCormic Theological Seminary, respectivamente; es doctor en psicología por la Universidad de Wexford en Suiza.

Conduce el programa de radio "En privado", el cual se transmite en toda la Unión Americana, y ejerce como terapeuta privado bilingüe de miembros del medio artístico.

Hoy día trabaja en un libro sobre las deficiencias emocionales y sexuales del varón hispano.

Agradecimientos

Mi eterno agradecimiento a:

Quienes hicieron realidad la publicación de este libro: Gian Carlo Corte y Ariel Rosales, mis editores. Gracias por su amistad, por su apoyo en mis proyectos y por ser mis padrinos en mi carrera como autora.

Juancarlos Ortiz, pues me sirvió tanto trabajar en este libro, que considero el proceso ¡la mejor terapia de mi vida! Gracias por tus consejos y tus palabras siempre sanadoras. ¡Te quiero!

Mi mamá, mi papá y mi hermana Yoyo (¡lee varias veces este libro, te va a servir!), por su amor y apoyo en todos mis proyectos y locuras. ¡Los amo!

Todas las personas que me enviaron sus casos, que me contaron sus historias y me pidieron un consejo, gracias por dejarme compartir su vida.

Por supuesto, a Dios, por regalarme la fuerza para salir siempre adelante; por permitirme ser su instrumento para ayudar a otras personas que, como yo, han pasado por momentos amargos.

Mis ángeles de la guarda y todos mis seres de luz (papá), gracias por iluminar cada camino que emprendo.

Con todo mi amor,

Aline Hernández

Agradezco a mis amigos y asociados de Chitchat Media y a toda mi audiencia en mis programas de radio, por su apoyo y amistad.
    Agradezco sobre todo a mi hija Stephanie, por enseñarme a ver el mundo a través de sus lindos ojos.

Juancarlos Ortiz

Prólogo

Cómo me hubiera gustado contar en mi adolescencia con un libro como éste, un "manual" que me ayudara a empezar a entender los misterios del amor, donde encontrara todos los temas sobre los que me habría gustado charlar con mi madre sin ser juzgada, sin recibir sermones, sino sólo los sabios consejos de una amiga, de una confidente.

Bien dicen que golpe que no te mata te fortalece. Al igual que tú, querida lectora, como muchas otras mujeres, yo me fortalecí con muchos golpes y tropiezos muy duros, pero debo confesar que en el terreno amoroso hubiera preferido ahorrármelos con la ayuda de una guía como ésta.

Considero una gran fortuna haber conocido con el paso de los años a mujeres valientes como Aline, que se niegan a quedarse calladas y a seguir viviendo víctimas del abuso. Al expresarse, estas mujeres admirables, además de repararse a sí mismas, ayudan con su ejemplo a miles de sus semejantes a cambiar su vida y a liberarse de relaciones humillantes que lesionan su autoestima.

Mitos como el de que las mujeres "somos más bonitas calladitas" o aquel otro que afirma que "sin un hombre a nuestro lado no somos nada", conforman los cimientos sobre los que se educa a hijas inseguras y temerosas que, en su afán de satisfacer las necesidades de otros, pierden la oportunidad de desarrollarse como individuos libres y capaces.

En mi opinión, no importa tanto si nos perdemos o caemos, sino que poseamos el poder de levantarnos. Si optamos por aceptar que la perfección no existe, que nuestra labor primordial no es complacer a los demás, que debemos externar lo que deseamos y necesitamos, tal vez algunos se alejen; pero quienes se queden serán los que en realidad debían estar a nuestro lado.

Aline, con el invaluable apoyo de la experiencia profesional del doctor Juancarlos Ortiz, presenta las historias de varios valerosos seres humanos, quienes las comparten con nosotros de manera a veces dolorosa y otras amena. Sin duda, ellos nos ofrecen un ejemplo de amor, una prueba de que la vida es buena y puede gozarse si nos atrevemos a vivirla sin miedos ni prejuicios.

Podremos vernos en cada una de estas personas, podremos identificarnos con su dolor; pero el punto de encuentro más poderoso serán la esperanza y la certeza de que si nos apoyamos seremos más fuertes, a la vez que más flexibles, más auténticas y, sobre todo, ¡más mujeres!

En este punto surge una interrogante casi obligada: ¿qué es ser mujer en nuestros días?

Antes que nada, es aceptarte como tal y no buscar la aprobación de otros para existir. Pero existir así, a secas, no es suficiente. No se vale —como sucede en el caso del capítulo 1— creernos todo, como Lucía, o ignorar todo, como Lourdes. Existir implica participar activamente en la construcción de un futuro. Es saber que no podemos ni debemos creer, asumir o justificar en forma permanente lo que nos suceda en nombre del amor, pues así no nos manifestamos con honestidad ante ese poderoso sentimiento; más bien, mostramos ignorancia, miedo y falta de decisión.

Ser mujer es construir castillos en la tierra, no en el aire; es dejar, al mismo tiempo, volar la imaginación para alcanzar todo lo que deseamos. Recuerda, el primer paso para crear un futuro es soñar con él.

La sencillez del lenguaje y la franqueza de quienes aquí comparten sus experiencias refuerzan el mensaje de que todas y todos tenemos el derecho natural de tomar las riendas de nuestra vida, y la única manera de que lo perdamos es que renunciemos a él, otorgándoselo a otro.

Aline y Juancarlos nos adentran en la vida real de diez personas que se vieron atrapadas en un torbellino que amenazó con destruirlas y, con todo en su contra, demostraron, primero a sí mismas y luego a quienes las rodean, que todos poseemos una vastísima reserva de fortaleza y capacidades. Por desgracia, en la mayoría de los casos sólo echamos mano de ellas cuando vemos nuestra existencia en peligro, desperdiciando de esa manera su infinito potencial para hacernos crecer.

Las historias presentadas contienen la eterna lucha por el respeto a la dignidad al que mujeres y hombres, niños y ancianos tenemos derecho por nacimiento.

Las reglas del amor nos señala la puerta de salida del laberinto en el cual muchas nos perdemos al buscar el amor y la aceptación en forma equivocada. Lo considero un libro de lectura obligada para toda joven actual que necesite orientación sobre un sentimiento tan importante para nosotras. Sus madres y padres, al ver reflejada en él de manera clara y directa la problemática que muchas veces no se atreven a escuchar, podrán utilizarlo para construir una comunicación y un entendimiento sólidos con sus hijas. Asimismo, los hombres, compañeros de la mujer en distintas etapas de su vida, ya sea como hijos, novios, esposos, hermanos, amigos o familiares, querrán encontrar en él la manera de comprender el porqué de los actos y reacciones de ellas.

Lizi Rodríguez
Psicoterapeuta

Presentación

*El cambio demanda herramientas
y las herramientas
no se consiguen en el mercado...*

Hola, amiga(o), es un placer encontrarme contigo de nuevo, después de muchas alegrías y sinsabores, pero, sobre todo, después de muchas experiencias enriquecedoras. Ahora puedo afirmar con sinceridad que he madurado y que me siento más mujer que nunca.

Hace años me propuse escribir un libro como éste, en el que mis lectoras encontraran casos de mujeres que han atravesado por etapas difíciles y que al superarlas aprendieron a amarse y a amar a otros. Pues bien, el momento llegó y agradezco a Dios la oportunidad de que por fin puedas tenerlo en tus manos y disfrutarlo tanto como yo.

Bien dicen que si tú no te quieres no podrás entregarte del todo a otra persona. Mi intención es que en estas páginas encuentres la orientación necesaria para emprender el camino hacia una vida colmada de amor y comprensión.

La idea de escribir este libro se concretó hace unos meses. En ese entonces, atraída porque en esa ciudad se encontraban mi disquera y mi representante, decidí trasladarme a Los Ángeles. Consideraba que nada me detenía en México; después de todo, había terminado mi relación con mi novio y del otro lado de la frontera me esperaba un cúmulo de oportunidades.

"Alguien me advirtió en una ocasión que tuviera cuidado con lo que deseaba y ahora lo único que deseo es volver a México; estoy harta de este país, ¡lo odio!", pensaba mientras recogía una multa que dejaron en mi automóvil por estacionarlo en lugar prohibido. Nunca vi el letrero porque estaba colocado en una palmera, a tres metros de altura. Hacía ya un tiempo que todo me parecía mal y desagradable en Estados Unidos, cosa extraña, pues meses atrás ansiaba venir a vivir aquí. No hay duda de que mis raíces están en mi patria.

Ya dentro del carro, con *ticket* nuevo y dispuesta a ponerme de buen humor, encendí el radio y sintonicé una estación al azar. De pronto, llamó mi atención la interesante charla de un doctor, bueno, un psicólogo, que hablaba de cómo aprender a diseñar tu vida. Quedé atrapada instantáneamente por sus palabras, pues tocaba mi punto débil en ese momento.

"Me gustaría conocer al doctor Juancarlos Ortiz", me dije, "si no, corro el peligro de volverme loca."

Tres días después me reuní con Tina María Salinas, figura reconocida en el teje y maneje del negocio del espectáculo, para hablar sobre unas fechas de trabajo. A la hora del café, al contarle mis penas, me habló de un psicólogo que conducía un programa de radio; hizo hincapié en que era muy bueno y podría ayudarme a reorientar o reafirmar mi vida. Yo no podía creerlo, pero me hablaba de la misma persona a quien escuchara días atrás, que llamó tanto mi atención y algunos de cuyos consejos desde el primer momento me ayudaron a aclarar ciertas dudas.

Me pareció que esto presagiaba el principio de una nueva etapa positiva en mi vida.

¡Qué pequeño es el mundo! No cabe duda de que Juancarlos aparecía en mi destino para ayudarme, como ahora te ayudará a ti y a otras mujeres —y hombres— que lo necesitan.

Y sí, lo conocí. Creo que nuestro encuentro tuvo que ser mágico. Le hablé de mi idea de hacer este libro y ¿qué crees?, él tenía una inquietud similar. Decidimos unirnos para escribir una guía de utilidad para ti, lectora, lector, en los vericuetos y las trampas que a veces nos tiende el amor.

Una guía que te ayude a salir adelante en los trances o situaciones que quizá consideres cuesta arriba; en las circunstancias en que acaso cometas errores y no sepas cómo enmendarlos, o cuando no atines a comunicar lo que sientes con claridad. Todos estamos conscientes de la urgente necesidad de mantener una comunicación eficaz en la época que vivimos.

El libro está estructurado en una forma sencilla. Se presentan diez historias de seres humanos que, como tú y como yo, decidieron compartir con otros sus experiencias desgarradoras, con algunas de las cuales seguramente te identificarás.

Al final de cada historia se establece un diálogo entre Juancarlos y yo, donde él aporta su opinión, comentarios y sugerencias. Se esclarecerán los motivos que provocaron la situación y cómo podemos evitar cometer los mismos errores. Por mi parte, yo contribuyo con mi punto de vista, con el enfoque de la juventud actual.

Después incluimos una sección destinada a la autorreflexión.

Al concluir el libro se ofrecen las cincuenta reglas del amor que te sugerimos tomes en cuenta siempre; ellas te ayudarán a disfrutar con plenitud ese sentimiento maravilloso que mueve montañas y puede acercar tanto a los seres humanos.

Confío en que aquí encontrarás lo que necesitas para ser una persona feliz y realizada.

Mi sentir

Ahora quiero compartir contigo mi sentir acerca del proceso de elaboración de este libro. *Las reglas del amor* me ha dejado muchos aprendizajes y me sirvió tanto trabajar en él como haber estado en terapia. Escribirlo no fue fácil, pues las ocupaciones de Juancarlos y las mías dificultaban su publicación.

Por fin, aquí está, en tus manos. Creo que sólo por ello ya valen la pena los desvelos y esfuerzos que se conjuntaron para lograrlo.

Conforme escribía, sentí que crecí como mujer en todos los aspectos: espiritual, moral y, en particular, psicológico.

Con toda honestidad puedo decirles a mis lectoras y lectores que todo lo registrado en esta obra es producto de profundas reflexiones que a su vez emanan de la problemática constante y en algunos casos muy grave que vivimos las mujeres. Estoy convencida de que las lectoras me darán la razón.

Si tienes dudas en tu vida, en tus relaciones afectivas, familiares, de pareja, ¡de todo!, *Las reglas del amor* te será de gran utilidad para enfrentarlas y salir de ellas. No dudes ni por un momento que está escrito para ti, por tu calidad de ser humano valioso por sí mismo y, especialmente, por ser mujer.

En estas páginas he puesto mi corazón, un corazón que hace un tiempo fue herido y maltratado y hoy puedo afirmar que ¡está como nuevo! No es fácil —eso lo sabemos—, superar los abusos del alma y del corazón, ¡pero se puede!; es cosa de ser tenaces, de quererse mucho y valorarse como ser humano.

¿Puedo compartir contigo mi experiencia? Si hay algo que me ha ayudado a crecer y madurar es la lectura de libros como éste, el apoyo de mi familia y, de manera principal, mi fe en el amor, ese amor que sí existe y está escondido en nosotros; ese sentimiento sublime al que basta dejarlo fluir sin presionar, dejarlo ser y manifestarse, para conocerlo y vivirlo con plenitud.

¡El amor puede estar justo enfrente de nosotros y no lo vemos! Sin duda lo encontrarás en Dios, en tu familia, en tus sueños, ¡en cualquier lugar!

Existe y es el combustible que nos hace caminar día con día, minuto a minuto. De ti depende descubrirlo y retenerlo; no lo desprecies ni dudes de su existencia; cree en él y verás que cuando tu alma y tu cuerpo estén en armonía, él llegará.

Recuerda que las cosas suceden en el momento que debe ser, ni antes ni después, y toma en cuenta que "cuando el alumno esté listo, el maestro aparecerá".

Entonces, aprende de estas *Reglas del amor* para que nuestro maestro, que es el amor, aparezca.

Aline Hernández
Ciudad de México, primavera de 2003

Introducción

Conocer a Aline Hernández fue toda una inyección de vitalidad. ¡Qué fuerza, qué energía y qué ganas de salir adelante a pesar de todas las vicisitudes!

De inmediato entablamos una magnífica comunicación y cuando ella me habló de su proyecto de escribir un libro como éste, le conté que yo pensaba en algo muy similar y decidimos unir fuerzas.

Creo que la combinación de lo que los coautores ofrecemos en esta obra —mi experiencia como psicólogo y conocedor de la persona humana, y la bocanada de aire fresco que representa el punto de vista de una mujer joven, dinámica y positiva como es Aline— rendirá excelentes resultados que sólo podrán traer beneficios para quienes decidan dar un paso firme y positivo en su vida, el cual comenzará con la lectura de este libro.

En el primer capítulo trataremos el tema de la infidelidad de un hombre casado y el engaño del que hace víctima a una mujer soltera. Veremos cómo esta última no se protegió lo suficiente y no se aseguró de conocer bien al hombre antes de entablar una relación que creyó seria, pensando que era soltero. El resultado no se hizo esperar: una desagradable sorpresa para ella y para la esposa. ¿Cómo resolver un problema tan doloroso?

En el segundo capítulo se aborda un asunto escabroso, el de la bisexualidad oculta; en este caso, se trata de un joven que no es claro con su novia hasta que ella se entera (en la forma más cruel) de la realidad acerca de ese personaje enigmático y misterioso que tanto la atrae...

El caso de María en el capítulo tres es el ejemplo vivo de cuán nociva es la codependencia en una relación de pareja. Algunas mujeres parecen nacer con un sino del cual no pueden desligarse y que las maneja como si fueran marionetas. Cualquiera puede dominarlas y son como objetos que se toman y se dejan, sin que ellas ofrezcan la menor resistencia. Como es obvio, terminan muy lastimadas.

El tema del cuarto capítulo es el del lesbianismo, y cómo las vivencias de la infancia y la adolescencia son definitivas en nuestra forma de concebir la sexualidad. Alejandra decidió "salir del clóset" y el primero al que tuvo que enfrentar fue a su padre, precisamente quien más daño le había causado.

En el capítulo cinco conocemos a Mita, madre soltera adolescente que perdió a su madre a causa del cáncer a una edad temprana y que fue violada por su padrastro.

La vida se ensañó con ella porque su madre tomó una mala decisión al elegir pareja y se casó con un hombre más que inadecuado. Mita, siempre en busca de paz y tranquilidad, ve en su pequeña hija su motivo principal para aspirar a una vida mejor.

La realidad que nos presenta el capítulo seis por desgracia ha existido durante años y persiste hasta nuestros días, quizás aun con mayor fuerza. La necesidad de ayuda nos lleva por rumbos equivocados y acudimos a todo tipo de charlatanes que se aprovechan de nuestra situación para engañarnos y defraudarnos. En este caso, Dolores dejó de acudir a su terapia para buscar soluciones "esotéricas" con un "brujo" sin escrúpulos que lo único que hizo fue estafarla.

En el séptimo capítulo, Alma, "en nombre del amor", se involucra en forma apasionada con Manuel, quien la convierte en una adicta a las drogas. No es capaz de reunir la fuerza suficiente para salir del problema, a pesar del apoyo moral y los buenos consejos de su mejor amiga. La vorágine de la adicción la atrapa y la hunde cada vez más.

El capítulo ocho es toda una confrontación. Eduardo comparte con Juancarlos su grave problema de identidad sexual, remitiéndose a los primeros años de su infancia, cuando vivió experiencias de tipo sexual muy fuertes y hasta cierto punto incomprensibles para un niño. Años después, un hombre de buenos sentimientos padece un caos interno y no logra definir cuál es su verdadero camino; ama a su esposa y a sus hijos, pero sus necesidades sexuales diferentes lo atormentan. Sin duda, se trata de una problemática angustiante.

En el capítulo nueve encontramos la conmovedora historia de una joven que Aline conoció en la Casa Hogar Nace y que con sus terribles experiencias nos hace ver cuán aniquilante puede ser el bajo mundo de las drogas. Los niños y los jóvenes son nuestro mayor tesoro y hacia ellos habremos de enfocar todos nuestros intereses y cuidados, para que no sufran lo que Julieta Ramírez vivió siendo aún una niña que cambió los juguetes por las drogas.

El grupo de amigas de Aline (y ella misma), protagonistas del capítulo diez, con la simpatía y la confianza que prevalece entre ellas, nos dejan asomarnos a sus pensamientos respecto del amor, el sexo y la vida en pareja. Por distintas razones, tal vez porque requieren brindar un poco más de sí mismas, no alcanzan aún la plenitud del amor verdadero y definitivo. Puesto que temen resultar lastimadas, se comportan con cautela, y oscilan entre un extremo y otro en su trato con sus parejas: pasan de la indiferencia a la presión, pero no logran encontrar el justo medio.

La sexualidad y su práctica adecuada, en especial cuando los participantes no están en las mejores condiciones emocionales, abre una gama de temas de estudio y cuestionamiento.

Es enorme la cantidad de personas lastimadas de manera voluntaria e involuntaria en este aspecto de su personalidad; la mayoría ignora que, así como en la medicina para el cuerpo hay tratamientos de gran eficacia para la sanación y medidas preventivas que pueden evitar grandes sufrimientos, también disponemos de medidas similares para la preservación de la salud de nuestro yo interno.

Que este libro sea un punto de partida para empezar a trabajar en ello es mi sincero deseo.

Juancarlos Ortiz
Los Ángeles, primavera de 2003

1. Mi esposa, mi amante y un bebé en camino

Era una tarde nublada como tantas otras. Me dirigía en mi automóvil a casa de mi amigo Jesús, que había organizado una fiesta "de aquellas", con mucha comida, con bebidas de todos colores y sabores, pero, sobre todo, con chavas, muchas chavas.

Aunque Jesús es casado, siempre se ha preocupado por que los solteros conozcamos a las amigas de Lourdes, su esposa. En realidad no sabía qué esperar ni me ilusionaba mucho, ya que en otras ocasiones este cuate había celebrado fiestas de lo más aburridas. Es muy buen amigo y siempre hago lo posible por no fallarle, pues varias veces sus invitados lo han dejado plantado y eso se siente horrible, ¿no? Que prepares algo y nadie asista. En fin, mi única expectativa era una buena comida, que nunca falta, y una conversación agradable entre amigos, salpicada, como por arte de magia, de connotaciones casuales, albures, refranes y sexo. Ya saben cómo somos los hombres y las mujeres cuando estamos en confianza, siempre nos las ingeniamos para hablar muchas tonterías.

Mientras buscaba un lugar para estacionarme, observé que la cochera de Jesús, casi siempre vacía, ahora estaba llena de automóviles de todas clases y marcas. "Qué raro —pensé—, parece que esta fiesta va a ser diferente de las otras que mi buen amigo ha dado."

Bajé del coche y me dirigí hacia la puerta lleno de curiosidad.

Toqué y me abrió una chica atractiva con un vaso de algo que parecía vino en la mano.

—¡Adelante, bienvenido a la fiesta, guapo! —me saludó.

—¡Gracias! —contesté, un tanto intrigado por su amabilidad y por el ruido de la música y las conversaciones—. ¿Has visto a Jesús? —pregunté levemente desorientado.

—Debe de estar por algún lado —me tomó de la mano y me escoltó a la cocina, donde vi y reconocí a otros asistentes a reuniones anteriores.

—¡Hola! ¿Cómo estás, Juancarlos? —me recibió Linda, la hermana de mi amigo.

Linda es la clásica chica amable y jovial que de alguna manera siempre se las ingenia para hacerte sentir un ser especial. Es muy buena persona, aunque, lamentablemente, de las que no tiene suerte con los hombres; y es que, según el comentario de muchos, es un poco feíta. Qué malos son, ¿verdad? Espero que aquí se cumpla el dicho de "La suerte de la fea la bonita la desea", porque esta joven lo merece.

—¿Dónde está tu hermano, Linda? —le pregunté casi a gritos, debido a las voces y carcajadas que resonaban en el interior de la casa.

—Ha de andar por ahí, entreteniendo a sus amigos con sus bromas.

—Bueno, voy a buscarlo.

Encontré a Jesús al final de la sala, sentado cómodamente al lado de la chimenea. Hablaba con un grupo de jóvenes y creo que les contaba chistes porque no paraban de reír.

—¿Qué onda, mi buen Jesús? —lo saludé.

—¡Juancarlos! Me da mucho gusto verte, me alegra que hayas decidido venir a la fiesta.

—No podía perdérmela. Por cierto, ¿cuál es la gran sorpresa?

—¿No te dije?

—No. Me la hiciste cardiaca y la verdad me dejaste muy intrigado.

—Es que Lourdes y yo celebramos nuestro aniversario de casados. ¡Tres años! ¿Cómo la ves? Qué resistencia, ¿no?

—Sí, amigo, ¡qué paciencia tiene ella! ¡Ja, ja, ja!

—No abuses, recuerda que soy tu amigo.

—No, en serio, qué bueno que Lourdes y tú celebren con sus seres queridos una ocasión tan especial. Oye, ¿de dónde salió tanta gente? Porque no me negarás que la mayoría de las pachangas que haces resultan medio aburridas y casi nadie llega, sólo aparecemos los fieles que te queremos. ¿No es cierto?

—¡No seas malo!

—Estoy bromeando; en serio, es un placer para mí que se lleven tan bien. Espero que cumplan muchos años juntos.

En ese momento se escuchó un grito.

—¡Jesús, te buscan en la puerta!

Como aparentemente su marido no escuchó, Lourdes se acercó a recibir a quien pensaban sería un nuevo invitado.

Al llegar a la puerta, muy amable como de costumbre, se encontró con una joven de semblante un tanto incierto.

—Buenas noches; ¿está Jesús?

—Sí, ¿quién lo busca?

—Mi nombre es Lucía.

—Mucho gusto, yo soy Lourdes, la esposa de Jesús. Pasa, por favor.

—¿Dice que es esposa de Jesús?

—Sí, en efecto.

—Pero tenía entendido que Jesús era soltero. Por lo menos eso fue lo que él me dijo.

—¿Cómo que soltero? Si justo hoy celebramos nuestro tercer aniversario de casados. Pero, vamos a ver, ¿quién eres tú?

—Bueno, yo creía ser la novia de Jesús.

—¿La novia de quién? ¿De Jesús? ¿De qué hablas?

—Es que... Jesús y yo hemos salido desde hace más de un año y...

—Será mejor que pases y hablemos.

Con lentitud, Lourdes condujo a Lucía a una de las habitaciones, donde entablarían una penosa mas necesaria conversación. Al entrar, de inmediato Lourdes la tomó por el brazo y le gritó:

—¿Cómo que eres la novia de Jesús?

—Sí, eso dije, es mi novio desde hace un año y unos meses.

—¿Dónde lo conociste?

—En un restaurante donde trabajo como mesera. Jesús iba a comer ahí casi todos los días y poco a poco nos hicimos amigos. Al principio sentía ternura por él porque siempre lo veía solo y desatendido. Me contó que era soltero, que vivía solo y, como no había quien le cocinara, acostumbraba frecuentar el restaurante. Al principio me pareció un muchacho algo tímido e introvertido, razón por la cual me inspiró confianza.

—Pero, ¿en ningún momento mencionó que tenía una esposa?

—¡No, de verdad! Me dijo que era soltero y que toda su familia estaba en México. Me sentí muy conmovida por su historia, ya que yo también estoy sola en este país; así, poco a poco iniciamos una amistad que luego se convirtió en una relación más íntima.

—¿O sea que son amantes?

—¡Te juro que no sabía que era casado!

—Pero ¿nunca te diste cuenta ni sospechaste nada?

—¡No!

—¿No te pareció raro no saber dónde vivía ni dónde pasaba los fines de semana?

33

—No. Siempre iba a buscarme al restaurante y, como yo trabajaba casi todos los fines de semana, nunca me preocupé por investigar detalles de su vida íntima.

Entre palabra y palabra alcanzaban a escucharse lloriqueos y a verse lágrimas en los ojos de Lucía mientras le contaba su historia a Lourdes. Ésta luchaba por contener su enojo y su impotencia al enterarse de que su amado esposo la engañaba en sus ratos libres con otra mujer.

—¡No puedo creerlo! ¿Y dónde, además del restaurante, se veían?

—En mi departamento o en un hotel. Jesús decía que no me llevaba a su casa porque era muy pobre y muy fea, y a mí eso nunca me causó ningún problema. Pero ahora entiendo muchas cosas.

—Yo también. Ahora, dime, ¿cómo supiste que vivía aquí?

—Bueno, pues, investigué porque de pronto desapareció de mi vida, dejó de buscarme y, verás... tenía que hablar con él con urgencia.

—¿Y para qué?

—Es que no sé si deba decírtelo.

—¡Claro que debes hacerlo, todo lo que tenga que ver con Jesús me incumbe a mí, soy su esposa!

—Pues es que ¡creo que estoy embarazada!

—¿Cómo que crees que estás embarazada?

—Sí, hace como dos meses que no me llega la menstruación y sufro mareos, sueño y todos los síntomas de un embarazo. Y ya que Jesús nunca volvió a buscarme, vine a informárselo.

El semblante de Lourdes era de inmensa tristeza y desolación. Como por arte de magia su fiesta de aniversario se había convertido en la peor noche de su vida.

—¿Estás segura de que Jesús te dijo que era soltero y de que ese bebé que supuestamente esperas es de él? Es más, ¿estás segura de que estás hablando de mi esposo?

—Sí, absolutamente segura; ésta es su casa, según me informaron, y sería mucha casualidad que aquí viviera otro Jesús. Además, él ha sido el único hombre en mi vida.

—¿Eras virgen cuando te metiste con él?

—Sí.

—¿Cuántos años tienes?

—Veintiuno.

—¿Y Jesús no sabe nada de lo que platicamos?

—No, no sabe.

—Muy bien, ahora mismo se va a enterar.

Lourdes tomó a Lucía de la mano y la llevó por las escaleras que dan a la sala donde se encontraban todos los invitados y Jesús. Al llegar casi al final de la escalera, desde donde veía bien a todos, y después de indicar con una señal al encargado de la música que la apagara, procedió a llamar la atención de los presentes.

—¡Su atención, por favor! ¡Su atención!

Los concurrentes la miraron con curiosidad e intriga.

—Quiero anunciarles algo, ¡Jesús va a ser papá!

Mientras los invitados daban muestras de gusto, aplaudían y felicitaban a Jesús por la noticia, el rostro de éste reflejaba sorpresa y felicidad; aún no veía que al lado de su esposa estaba Lucía.

—Jesús, ¿puedes acercarte, por favor? —se oyó decir a Lourdes con voz quebrada y temblorosa.

Entre murmullos y susurros el aludido caminó con alegría y entusiasmo hacia su esposa. Sin embargo, al acercarse, vio que junto a ella estaba ni más ni menos que Lucía. Se detuvo como si lo hubiera golpeado un rayo.

"No puede ser, ¿cómo llegó Lucía a mi casa? Y sobre todo, ¿por qué está con Lourdes?", pensó.

No lo creía, no sabía dónde meter la cara de la vergüenza, mucho menos cómo actuar ante esa situación.

Ya cerca de Lourdes el incidente se tornó bochornoso para todos, porque ésta lo confrontó frente a los invitados.

—¿Sabes quién es ella? —le preguntó apuntando hacia Lucía y esperando aún que aquello fuera sólo una broma de mal gusto.

—No... no sé quién es...

Lucía se abrió paso entre las personas que la separaban de Jesús y, con la cara a unos centímetros de la suya, le reclamó a gritos:

—¿Aún tienes el cinismo de negar mi existencia después de que me prometiste el cielo y las estrellas, de que me mentiste vilmente al decirme que eras soltero? ¡Eres un marrano!

Sin que nadie lo previera, su mano se estrelló en la mejilla del amante con una velocidad increíble. Las lágrimas brotaban de manera incontrolable de los ojos de la chica y entre balbuceos continuó golpeando el rostro y el cuerpo de Jesús.

Éste se limitó a protegerse de los golpes mientras por su mente desfilaban innumerables preguntas que podían resumirse en una sola: ¿cómo permitió que las cosas llegaran a este punto?

Al igual que los invitados, Lourdes observaba las reacciones de su "querido" esposo. Aunque estoica, en su interior estaba destrozada, atónita; el hombre a quien le jurara amor eterno se había convertido en un ser falso y mentiroso. El hombre que junto con ella juró ante un altar fidelidad y amor eternos se mostraba ahora indefenso por completo ante una mujer extraña que le reclamaba con ira y desesperación.

¿Qué sucedía? Se esperaba que esa noche celebraría su tercer año de casada. Ansiaba despertar de esa pesadilla colmada de horror y negras fantasías en la que estaba atrapada.

Sin embargo, la realidad era otra. Ahí, frente a ella, esa joven acusaba rotundamente a su esposo de haber andado con ella y, para colmo, de ser el padre de su hijo. ¡El padre de su hijo! ¡Mi esposo, el padre del hijo de otra!

Ésa era la realidad y nadie podía cambiarla. Era esencial reconocer la gravedad de la situación y tomar cartas en el asunto.

—Como podrán darse cuenta, la fiesta no puede continuar, así que les ruego que nos dejen solos —éstas fueron las palabras que Lourdes dirigió a sus invitados.

Todos nos retiramos silenciosos y apenados y sin saber qué decir.

Entonces recordé lo sucedido unos meses atrás. Jesús había decidido terminar con Lucía, de forma rotunda y cortante.

—Juancarlos —me confió en ese entonces—, necesito acabar mi relación con Lucía, ya que temo dañar mi matrimonio.

—Me parece muy buena idea —le comenté—. ¿Cuándo vas a hablar con ella?

—La verdad, me apena decírselo; creo que lo mejor será no volver a verla y punto. Mira, no sabe dónde vivo; si no regreso, acabará por darse por vencida y comprenderá que lo nuestro ya no puede seguir.

La actitud de Jesús fue sumamente irresponsable y arrogante. Su relación con Lucía fue tan sólo una aventura donde él desahogaba las pasiones que por alguna razón no conseguía saciar con Lourdes. Fue una conquista más, un trofeo. Una travesura que se presentó de manera casual, fácil y, sin pensarlo mucho, decidió no desaprovechar la oportunidad.

—Después de todo, ¿qué hombre se perdería de estar con una chica tan buena y guapa como Lucía? Tendría que estar loco para dejarla pasar —ése fue su comentario cuando me habló de su relación con ella.

Lamentablemente, algunos hombres como él, con el fin de conquistar a una mujer, son capaces de inventar todo tipo de falsedades sin preocuparse por el daño que pueden causarle a segundas y terceras personas.

En este caso, el problema no es que hubiera decidido no continuar con Lucía, sino que no afrontara la situación cara a cara.

Tiempo después de lo sucedido en su casa, sentí lástima y tristeza por Jesús y en charlas posteriores que sostuve con ambos, Lourdes llegó a la conclusión de que amaba a su esposo y estaba dispuesta a perdonarlo.

El asunto de Lucía quedó al margen hasta cierto punto; huelga decir que una de las condiciones de Lourdes fue pedirle a su marido que olvidara la relación con ella, pero que se hiciera responsable del bebé lo más que pudiera.

Entonces sucedió algo extraño: Lucía se esfumó y mi amigo no supo dónde encontrarla. Parece que decidió tener a su hijo sin la ayuda de un hombre tan mentiroso y falso.

Estoy seguro de que, dondequiera que se encuentre, ella estará bien, ya que parece haber aprendido la lección que le dejó esta experiencia.

Lucía no será la primera ni la última muchacha que sea víctima de las mentiras de un hombre casado. Espero que las chicas que lean este libro comprendan la importancia de conocer lo más posible a un hombre antes de comprometer su integridad como mujeres.

Un diálogo a manera de análisis

Como conclusiones de este capítulo analizaremos la importancia de conocer más a la persona con quien vamos a relacionarnos; así evitaremos sorpresas desagradables como la que recibió Lucía. Hablaremos también de cuán fundamental es enamorarse de una(o) misma(o) antes de involucrarse con otra persona. Asimismo, de buscar la manera de sanar la mente y el espíritu después de una experiencia así. Tocaremos los temas de la manipulación, la importancia de que los riesgos que se corran sean medidos, el romance, las ideas suicidas que alguna vez llegan a invadirnos, la soledad y el sentimiento crucial en la vida: la autoestima, que nos hace estar seguras de que merecemos ser amadas y felices.

—¿Qué piensas de esta historia, Aline?

—Ay, Juancarlos, pobres chicas... Sólo de imaginar estar en una situación como ésta, me pongo a temblar.

—Dime, ¿quién piensas que sale perdiendo más? Porque ambas están en una situación muy difícil.

—Pues sí, desde luego. Aunque, pensándolo bien, aquí el llamado a perder más es Jesús. Es quien debería quedarse como el perro de las dos tortas. Y se lo merece, ¿no crees? No es posible andar por la vida jugando con los sentimientos de las personas. ¿Será que los hombres no se percatan del daño que nos hacen, acaso no saben que acaban con nuestra autoestima y nuestra dignidad?

—Déjame decirte que, si bien no justifico las acciones de hombres como Jesús, en sí no son ellos quienes dañan la autoestima de las mujeres. Más bien, ellas son irresponsables al dejarse manipular de una manera tan fácil por estos seres sin entrañas. Piénsalo bien y dime: ¿qué les cuesta investigar un poco sobre los hombres con quienes se van a involucrar? ¿Por qué tienen que creer todo lo que ellos les digan como si su palabra fuera siempre de fiar?

—Verás, Juancarlos, casi siempre manipulan la situación y la información de manera que no te percates del engaño. Por ejemplo, en un caso muy parecido que viví, nunca tuve contacto con nadie que conociera al hombre con quien salía, ya que ni siquiera contaba con una oficina establecida. Además, sus negocios no eran sólo en la ciudad, sino en otra parte de la República. Lo sé, a veces las mujeres somos muy confiadas y eso no resulta muy conveniente; deberíamos desconfiar un poco más de nuestros hombres para no llevarnos sorpresas desagradables.

—Cuéntame un poco de lo que te pasó en esta relación.

—Al principio fue bonita y normal, aunque después comencé a cuestionarme por qué no sabía dónde vivía él y por qué no lo veía los fines de semana. Me había dicho que los pasaba con sus hijos que vivían fuera de la ciudad con su mamá, con quien ya no tenía nada que ver. Tal vez me digas que soy ingenua, pero es que cuando una mujer se enamora justifica todo en el hombre y quiere verle el lado bonito a las cosas.

"Esa relación no prosperó porque yo necesitaba un poco más de atención de la que él podía darme y decidí dejarlo. Pese al dolor que me provocó, creo que ésa fue la mejor decisión que pude tomar. Poco tiempo después, me enteré por medio de una conocida que el hombre con quien había estado saliendo estaba casado.

"Al enterarme, Juancarlos, se me vino el mundo encima porque él fue muy importante para mí. Siempre le demostré sinceridad y fidelidad, y mientras escuchaba esas palabras me 'caían muchos veintes'. Con el paso del tiempo, por azares del destino volví a verlo y me juró que lo que me dijo aquella chica era una mentira absoluta.

"En fin, pónganse listas, amigas, si un tipo no te lleva a su casa, no te da un número de teléfono que no sea el de su celular y se te desaparece los fines de semana, seguramente está casado, está loco o no le importas lo suficiente. No hagamos castillos en el aire y aprendamos a andar con pies de plomo con todos los hombres."

—Tienes razón, Aline, aunque esto no quiere decir que se vayan al otro extremo y empiecen a comportarse como detectives, pues eso alejaría por completo a ese posible compañero.

—Desde luego. Juancarlos, quisiera que me aclararas algunas dudas. Una de ellas es: ¿crees tú que un hombre casado que anda con otra mujer trata mejor a su esposa?

—Depende de la situación. Hay hombres que, en efecto, tienen un matrimonio de conveniencia, el cual conservan para "no hacer olas". En estos casos está casi sobreentendido que, mientras no lo haga con descaro, puede gozar de aventuras extramaritales. En otros casos, él continúa amando a su esposa y podría suceder lo que tú dices, que la trate mejor por sentirse culpable de tener una amante.

—¿Por qué muchos hombres casados brindan a la otra mujer atenciones y detalles cariñosos que podrían parecer más falsos que un billete de tres pesos?

—Porque también con la otra mujer sienten culpa: de engañarla, de dejarla sola los fines de semana, en las vacaciones y los días festivos; de no confesarle con honestidad que no piensa divorciarse para casarse con ella. Otros lo hacen porque consideran a su amante un juguete de lujo al que hay que mantener feliz y para ellos ésa es la manera adecuada de conseguirlo.

—¿Cómo puede una mujer volver a confiar en los hombres después de un engaño como el de Jesús?

—La mujer estará en mejor posición de creer en los hombres buenos y honestos —que, aunque no lo creas, todavía hay— cuando aprenda a confiar en lo que su intuición femenina le dice al intentar involucrarse en una nueva relación. En otras palabras, es fundamental que aprenda a creer en ella misma y a enamorarse de ella misma, antes de intentar enamorarse de alguien más. No puedes darle a un hombre algo que no tienes. Por regla general él te tratará de la misma manera como tú te trates y se inclinará a darte lo mismo que tú te des.

—¿Cómo saber cuándo correr el riesgo de entablar una nueva relación?

—En el amor nunca hay nada seguro y todo implica cierto nivel de riesgo. Sin embargo, algunos riesgos son medidos y prudentes, en tanto que otros son completamente inapropiados, con consecuencias negativas y destructivas. Veamos un ejemplo de un riesgo medido:

"Después de pasar por una pesadilla en una relación, conoces a alguien más. Pese a que te sientes algo insegura, tu feminidad y tu sexualidad te demandan un poco de atención masculina porque el ser humano no está diseñado para estar solo, ¿verdad?"

—No, es muy difícil estar abandonado como un perro callejero.

—Lo cierto es que a tu cuerpo y a tus hormonas no les interesa que hayas sufrido una mala experiencia amorosa; lo único que quieren es que les des un poquito de atención masculina. La lucha entre tus hormonas y tu mente se desarrolla de manera similar a aquellas escenas de las películas donde la protagonista lucha por decidir entre hacer algo o no; entonces aparece sobre su hombro derecho un angelito que le recomienda: "No lo hagas porque te va a ir mal...". Y sobre su hombro izquierdo sale un diablito que la incita: "¡Hazlo, no seas tonta! La vida sólo se vive una vez, no tengas miedo. Vamos, ¡decídete!". Exactamente lo mismo pasa entre tu cuerpo y tu sistema emocional defensivo. Tu cuerpo te reclama: "¡Vamos, atrévete!, ya te hace falta un buen agasajo. ¡Ándale, no seas cobarde! Todo va a salir bien. ¡No temas, éste podría ser el compañero que tanto has esperado!". Por otro lado, tu sistema defensivo te grita a mil voces: "¿Es que no aprendes? Actúa con inteligencia, te destruirán otra vez, te lastimarán y volverás a vivir esas pesadillas, esas noches de llanto y desesperación. ¡Ponte lista! Este muchacho tiene cara de mustio y, la verdad, si lo observas con cuidado, como que parece mujeriego. Míralo bien, te partirá el corazón otra vez y pasarás toda la vida sanando de las relaciones tóxicas en las que te involucras y todo por actuar guiada por las hormonas. Mejor date un regaderazo de agua fría, te saldrá más barato. ¡No lo hagas!".

"Entonces, al enfrentar la posibilidad de involucrarte emocionalmente con una persona que apenas conoces, el riesgo medido debe implicar la decisión de iniciar con sólo una amistad, con un proceso de conocimiento mutuo en todas las áreas de la vida social.

"Lo mejor es que primero se conozcan como amigos y que, con el paso del tiempo, cuando las cosas se aclaren lo suficiente, definan una posible relación más íntima. Mientras tanto, es necesario ignorar que ese hombre se derrite de bueno y casi se te cae la baba cada vez que lo miras a los ojos. Ya habrá tiempo para dar rienda suelta a los placeres que tu cuerpo quiere y necesita."

—Pero, Juancarlos, es posible que muchas chicas piensen que si le dicen a sus prospectos amorosos que sólo quieren ser sus amigas, éstos se vayan con otras y se los ganen.

—Algo está muy claro: si alguien a quien le propones ser amigos mientras se conocen más anda con otras en tanto tú te decides a darle el sí, no lo necesitas en tu vida como novio o compañero.

—Suena fácil, pero no lo hacemos, cuesta trabajo dejar ir a un chico que te gusta y llevártela con calma en estos tiempos en que vivimos de manera tan acelerada.

—En efecto, no es fácil, pero, a menos que hagas lo que sugiero, sufrirás mientras pasas de una relación a otra por el resto de tu vida. Las reglas del amor fueron escritas por la sociedad para beneficiar en su mayoría al sexo masculino. En muchos de los romances entre hombres y mujeres, las que salen perdiendo casi siempre son estas últimas.

—¿Dónde he oído tal cosa?

—Pero no nos confundamos, con esto no quiero ubicar a las mujeres como víctimas ni a los hombres como los enemigos a vencer. Tan sólo deseo que ellas reconozcan la importancia de cambiar las reglas del amor para que salgan más beneficiadas que lastimadas.

—¿Crees que sea necesario cambiar nuestra manera de ver el romance?

—Sí, ha llegado el momento de cambiar nuestra perspectiva de esa etapa maravillosa que es el romance. Si insistimos en reaccionar y comportarnos como siempre lo hemos hecho, seguro seguiremos obteniendo los mismos resultados. ¿Sabías que el único animal que comete el mismo error más de una vez es el ser humano? (Y, sin embargo, nos creemos muy inteligentes...) Para evitarlo, la mujer necesita *conocer* al hombre en la medida de lo posible antes de entregarle las mieles de su amor.

—¿Puedes hablarnos de otro ejemplo de un riesgo no medido?

—Sí, cómo no. Veamos una situación que implica este tipo de riesgo y que les ocurre de manera cotidiana a casi todas las mujeres del mundo. Una mujer intenta reanudar su vida romántica con un hombre a quien conoció recientemente. Ella acaba de salir de una mala relación; ¿cómo crees que se siente?

—Bueno, cuando yo he atravesado por una circunstancia como ésta me han invadido la tristeza y la soledad; he sentido que se me acaba el mundo, que quiero empacar mis maletas e irme del planeta.

—¿Crees que algunas de estas jóvenes llegan a contemplar el suicidio cuando las lastiman en el aspecto emocional?

—¡Por supuesto! He sabido de casos en los que se llega a este extremo y me atrevería a afirmar que la mayoría de los suicidios son causados por problemas sentimentales; ¿o me equivoco?

—No, no te equivocas. Tú mencionaste la palabra *soledad*. Pues bien, ésta provoca que muchas chicas busquen poner en práctica aquel refrán estúpido y falso que dice que "un clavo saca a otro clavo". Bajo tales circunstancias de soledad y depresión, la mujer siente que necesita llenar el vacío que dejó el amor que se fue. No toma en cuenta que es de gran importancia sanar en el aspecto emocional antes de aventurarse a iniciar otra relación.

"Es como si participaras en una carrera de veinte kilómetros en la cual te lesionas el pie y tres días después te propusieras correr otra de treinta kilómetros. No tiene sentido querer hacerlo cuando no puedes. Por desgracia, eso sucede con muchas mujeres que, en su afán de tener a alguien a su lado, se sumergen en el laberinto del amor muy poco después de una mala experiencia. Piensan que si se dan la oportunidad con el primer espécimen masculino que aparente cierto nivel de decencia, podrán ser felices de nuevo."

—Cierto, Juancarlos. Y es que cuando una se siente sola, hasta la peor compañía es buena. Necesitas tanto que te demuestren cariño que si llega cualquier tipo extraño y te dice una frase bonita, te gana y caes redondita.

47

—Así es. Por esta misma razón muchas mujeres se conforman con relaciones mediocres, tediosas y aburridas, en las que ya no quieren estar, por temor a quedarse solas.

"De ahí surgió la idea de escribir este libro; la intención es que las muchachas y muchachos, los hombres y mujeres que lo lean, reconozcan en qué se equivocan al relacionarse con otras personas. Asimismo, que tomen conciencia de cuán importante es aprender nuevas reglas del amor que faciliten la convivencia y el camino hacia la felicidad."

—Otro aspecto fundamental para evitar involucrarte y permanecer en relaciones negativas es la autoestima, ¿verdad?

—Sí, ésa es una enseñanza muy valiosa. A menos que aprendas a enamorarte de ti misma(o) primero, no estarás en posición de hacerlo bajo la planeación y dirección de alguien más. La meta de cualquier ser humano es disfrutar una relación llena de amor, comunicación, comprensión y respeto. Y la única manera de lograrla es modificar las reglas del amor y empezar por enamorarnos de nosotros mismos.

—Una duda más que me gustaría que disiparas es: ¿qué hace una mujer como Lucía en estos casos, cuando su hijo crezca y le pregunte por su papá?

—Si es preciso, en algún momento, como muchas otras madres en su caso, tendrá que informarle que era casado, que le mintió, la embarazó y no quiso asumir la responsabilidad. Hay que reunir un gran valor para mirarlo a los ojos y decirle que su papá no está presente para darle la ayuda y el consejo que necesita.

"Es relativamente fácil pronunciar las palabras, mas será difícil contener los sentimientos de un pequeño que no pidió venir al mundo en esas circunstancias. Habrá de pasar mucho tiempo para que se reconcilie con sus propias emociones, aunque continuará cuestionando el paradero de su padre. Lo que recomiendo a las madres en esas circunstancias es que procuren buscar a un hombre —un tío o un hermano— que supla de manera indirecta la figura paterna."

—En situaciones como éstas, ¿le aconsejas a una madre soltera tomar terapia?

—Claro, al confrontar problemas que van más allá de nuestra capacidad física o intelectual, siempre es sabio buscar la ayuda de profesionales que nos enseñen técnicas para solucionarlos. Observa que dije *solucionarlos*, no huir de ellos, algo que mucha gente tiende a hacer, empeorando así su situación.

Para reflexionar

Y tú, amiga(o) lectora o lector, ¿estás de acuerdo con el análisis que hemos hecho en torno de este tema? Nuestro mayor interés es que estés bien y que los asuntos que aquí abordamos te sean útiles.

Desde luego, tú podrás discrepar, pero si los seres humanos poseemos el poder de pensar y de elegir, ¿por qué muchas veces este último nos traiciona? ¿Será que sólo nos dejamos llevar por el primero, es decir, por lo que nos dictan las emociones?

Queremos que hagas tus propias reflexiones y analices si has sido hasta este momento capaz de manejar estos poderes para tu bien o, por el contrario, has sufrido algún tropiezo como el de Lucía.

Sabemos que hombres y mujeres con las características de Jesús abundan en el mundo, en todos los niveles sociales y en todos los sitios imaginables, y que pueden causarnos mucho daño. ¿Estás preparada(o) para lidiar con un conflicto de esta naturaleza? Piénsalo bien y establece tus propias reglas, que esperamos no sean muy distintas de *las reglas del amor* que aquí te ofrecemos.

¿Has pensado que las acciones son el resultado de impulsos que provienen de lo más profundo de tu ser?

¿Crees tener la conciencia suficiente para optar por lo más conveniente para ti?

Si contestas en forma afirmativa a las preguntas anteriores, eres afortunada(o). De no ser así, ¿por qué no empiezas a buscar las respuestas en tu interior?

Créeme, el hecho de elegir lo mejor para ti no implica que con ello necesariamente afectarás a otras personas.

¿Crees que tomar decisiones responsables y convenientes para tu persona puede interpretarse como egocentrismo o, llegado el caso, egoísmo?

Por último, ¿acaso no tenemos el derecho absoluto de planificar nuestra vida sin exponernos a sufrimientos innecesarios?

2. ¿Mi novio bisexual? ¡Eso nunca!

Conocí a Dany en una fiesta en la casa de Lalo, un buen amigo, de quien se decía que "bateaba de los dos lados", o sea, que era bisexual. Yo nunca lo creí porque era súper mujeriego, incluso salió alguna vez con dos o tres chicas conocidas mías, aunque nunca lo vi tomar en serio a ninguna.

Otra razón por la que no creía en los rumores es que Lalo es muy guapo y sé que cuando la gente siente envidia dice cualquier cosa. Nos hicimos amigos hace unos tres años porque él trabajaba en mercadotecnia, la misma área en la yo me desenvuelvo.

Lalo no me interesaba como hombre, pero nos llevábamos muy bien. Nunca me insinuó nada ni mucho menos y eso me gustó, al grado de decirme: "¡Vaya, hasta que encuentro un hombre diferente, uno que no se quiere lanzar directo a mis faldas y más allá!".

En ese entonces tenía un novio que me hacía la vida de cuadritos y se ponía celoso de mis amigos, en especial de Lalo. Y cómo evitarlo, si éste es un bombón, uno de esos galanes de telenovela. Para no hacerles el cuento largo, mi novio no creyó en la amistad entre él y yo y decidió terminar conmigo.

Hombres van, hombres vienen y nosotras, tontamente, nos desgastamos y perdemos nuestro tiempo en relaciones que no nos dejan nada de provecho, más bien todo lo contrario.

Lalo era mi paño de lágrimas, mi amigo, mi consejero, mi acompañante de parranda, entre muchas otras cosas. Muchos llegaron a preguntarnos por qué no andábamos él y yo; pensaban que haríamos buena pareja porque nos conocíamos bien, nos entendíamos y nos dedicábamos a lo mismo. Ya saben, todo lo que la gente suele decir cuando ven a un hombre y a una mujer juntos. Pero, para sorpresa de todos, no era así, sólo éramos amigos. Sí, es posible tener un amigo del sexo opuesto, aunque la mayoría opine lo contrario.

Al igual que yo, es muy parrandero y le agrada ir al cine. Teníamos infinidad de cosas en común. Pero había una que yo no imaginaba siquiera. No cabe duda de que caras vemos, corazones no sabemos…

Una noche, Lalo organizó una cena en su casa para darle la bienvenida a su mamá y a sus hermanos que venían de Monterrey y a quienes no veía desde hacía dos años. Por supuesto, yo estaba invitada, junto con algunos compañeros de su trabajo que, por cierto, ¡no estaban nada mal! Me emocionaba imaginar que tal vez saldría de ahí estrenando galán con una flamante ilusión en el corazón.

En verdad esa noche me veía muy atractiva; me arreglé de manera espectacular y me puse un vestido con un tremendo escote; estaba decidida a matar y levantar pasiones. ¡Me urgía una nueva pareja en mi vida!

De pronto, ahí estaba él, Dany. Me pareció el niño más lindo del planeta, hipersensible, no sé, muy diferente de los demás. Tal vez eso fue lo que me atrajo de él desde el principio.

Corrí a la cocina donde Lalo supervisaba toda la actividad para reclamarle que por qué nunca me había presentado a Dany.

—A ver, ¿qué pasa contigo, amigo envidioso? —lo increpé.

Él se limitó a reír y a asentir como diciendo: "Sí, lo siento, no se me ocurrió antes".

—Éste es el Dany del que tanto te oía hablar, ¿verdad? ¿Tu amigo que vivía fuera de México y que fuiste a ver a San Francisco un par de veces?

—Sí, Nadia.

—Claro, ya recuerdo que me hablaste de él antes, pero qué guardadito me lo tenías.

Lalo contestó con una sonrisa:

—Estás loca.

Acto seguido salió de la cocina con un par de vasos para los invitados.

Después de disfrutar la deliciosa cena y divertirnos un rato charlando, Lalo sacó su guitarra y empezamos a cantar.

Ya consumidas unas cuantas botellas de vino, decidimos ir todos a un bar situado frente a su casa.

Yo no quería que se terminara ese momento. Dany me pareció enigmático y misterioso, pero muy agradable, no se despegaba de mí ni yo de él; hubo química entre nosotros y descubrimos que teníamos muchas afinidades. Nos contamos nuestras respectivas vidas, confesamos cuál era nuestra edad (perfecto, yo veintidós y él veinticinco) y nuestro signo (¡compatibles!). No había duda de que yo le gustaba, y sentí que me lo demostró. Desde luego, pensé que en el bar querría sentarse junto a mí a conversar, como lo hiciera en casa de Lalo. Pero, ¡oh sorpresa! Al entrar al lugar una guapa chica, Dany salió corriendo a buscarla y dedicó todo el tiempo a platicar con ella. Quedé —¡imagínate!— atónita, desconsolada y con el orgullo herido porque creía tener dominada la situación y no era así. Más bien, me di cuenta de que yo era lo más entretenido que encontró en la fiesta y ya. Me sentí como cucaracha aplastada, muy extrañada por su actitud.

Seguí la velada en el grupo con los demás amigos y Lalo, pero al poco tiempo me fui sin siquiera despedirme de Dany.

A la semana siguiente me lo encontré en el mismo bar. Iba acompañado de su mamá, a quien me presenté. Ella me saludó con un:

—¡Hola! Fíjate que hoy es cumpleaños de Dany.

Yo no pude menos que darle un abrazo, pero nada más. Su respuesta a mi felicitación fue:

—Qué guapa te ves; oye, ya no pude despedirme de ti la vez pasada...

Si bien me pareció raro que estuviera acompañado de su mamá, pensé: "Bueno, es su cumpleaños y es su hijo, seguramente quería pasar tiempo con él y festejarlo".

Él ya estaba de salida y yo apenas llegaba. ¡Qué mala suerte la mía! porque había pensado mucho en él y en verdad me dejó bien clavada. De todas maneras, confiaba en que volvería a topármelo.

Y así fue, justo a una semana de conocerlo, ahí estaba de nuevo, frente a mí en ese bar, con su sonrisa tan bella y sincera. Antes de irse me pidió mi teléfono y, desde luego, se lo di. Poco después me llamó y me invitó a salir. Les juro que ésa fue una de las noches más bellas de mi vida.

Dany era simpático, tierno, inteligente. Aunque no era perfecto —tenía una cicatriz en la nariz por una caída en motocicleta y una boca gigante—, me gustaba mucho.

Esa noche nos besamos, miramos las estrellas y... empezamos a contar historias de fantasmas. Sí, eso sucedió ya en su automóvil cuando iba a dejarme; no les miento si les digo que de las tres de la mañana, cuando llegamos a mi casa, hasta las cinco, hablamos de mil tonterías y beso y beso. Eso fue todo.

Pasaron varios días y no me llamó; yo me volvía loca de la desesperación. Por fin le dejé un recado y el muy ingrato no me devolvió la llamada sino hasta unos cinco días después.

La siguiente vez que lo vi fue increíble, ¡la pasamos bomba! Surgió entre nosotros una atracción maravillosa, siempre besos y abrazos ¡pero nada de sexo! ¿Por qué? ¡No sé! De todas formas, no me importaba; por el contrario, me hacía sentir que me quería de verdad. Era tan mágico y tan ocurrente que el sexo llegó a ser algo innecesario para mí.

Un día le regalé un perro y lo hice muy feliz. Recuerdo que me llamó y estuvimos en su casa, donde vivía con su mamá y sus hermanos menores. No quería que me fuera, pero yo tenía que hacerlo; verás, vivo con mis padres y no puedo hacer mi santa voluntad. Sin embargo, me moría de ganas de quedarme con él.

En esos momentos me sentía muy contenta. Aunque era bastante simple, Dany me hacía reír a carcajadas. Por ejemplo, un día fuimos a comprarle cosas al perrito y vendían un jabón espuma para perros que uno les echa para luego secarlos con un trapo húmedo. ¿Pueden creer que Dany lo tomó, exclamó: "¡Ay, qué bueno que existen estas cosas porque hoy no me bañé!" y se untó toda la espuma en la cabeza? El vendedor lo miró como diciendo: "¿Y este loco?". En fin, me hacía reír mucho.

Ah, pero también me hacía sufrir porque no vayan a pensar que todo era miel sobre hojuelas. De pronto desaparecía varios días y se juntaba con chicos medio raritos. Cuando ya llevábamos un tiempo saliendo, como mes y medio, me lo encontré en un bar besándose con otra chava. Lo más increíble fue que, aunque él me vio, no hizo nada, continuó con lo mismo como si yo no estuviera ahí. Me sentí completamente fuera de lugar;

no entendía nada y lo único que se me ocurrió fue salir casi corriendo.

A partir de ese día, Dany empezó a comportarse de manera distante conmigo, lo cual me dolía en el alma porque yo sentía algo muy especial por él. Incluso le llamaba a Lalo para contarle mis broncas y pedirle consejo, pero su reacción era muy rara. Casi siempre me contestaba:

—Estoy ocupado, al rato te hablo.

Evitaba el tema a como diera lugar y, cuando accedía a hablar al respecto, únicamente me decía que no me clavara, que Dany era un muchacho súper agradable pero que no andaba en busca de una relación seria.

Si les soy sincera, me decepcionó su actitud, pues esperaba escuchar algo más de él. Aun así, no le daba mayor importancia; pensaba que era una situación muy difícil para Lalo porque los dos éramos sus amigos.

Entonces, opté por no contarle más, porque hablar del asunto se convirtió en algo delicado; hasta la fecha no sé si estaba celoso de mí o de él.

¡No entendía nada! Tenía una telaraña en la cabeza y una más grande en el corazón.

En mi breve relación con Dany sucedieron cosas por demás extrañas. Una vez me salió con el cuento de que yo era una chava muy sexual y que tal vez necesitaba otro tipo de hombre; después estallaba en llanto y me decía que no sabía tratar a las mujeres. Además, muchas veces salíamos con su mamá. Raro, ¿verdad?

Él me inspiraba una gran ternura, quería cuidarlo, protegerlo. En cuatro meses, yo, Nadia Guerrero, me había enamorado perdidamente de Dany, el fantasma, el indeciso, el raro, el inestable, el hijo de mami, el indefinido, el inseguro. Ése era el hombre que me cautivó.

Aún me resulta difícil recordarlo y hablar de ello porque lo que viví me causó una impresión muy fuerte. La relación era un sube y baja, aunque a mí todo empezaba a parecerme bien cuando mi amado estaba conmigo.

Un fin de semana decidí ir a buscarlo al bar de siempre, el de moda, que estaba enfrente de la casa de Lalo. Vi su auto estacionado afuera de la casa de mi gran amigo, y pensé: "Aquí está".

Estacioné mi coche y, nerviosa, crucé la calle en dirección al bar. Me gustaba tanto ese chico que sólo de pensar en que lo vería, temblaba. Entré y no lo encontré, tal vez estaría en casa de Lalo. No podía creer que me atreviera a ir sola a buscarlo a un bar lleno de personas que me conocían y me preguntaban:

—¿Qué onda, Nadia, con quién vienes?

Me vi obligada a inventar:

—Con unos amigos que me están esperando afuera, sólo entré por una chamarra que olvidé en la mesa.

Me sentía estúpida y me daba pena. Me preguntaba: "¿Qué haces, Nadia? ¿De verdad vale tanto la pena este chavo?". ¡No lo sabía! Lo único que pasaba por mi cabeza en ese momento es que ¡quería verlo! Sólo eso, verlo. Ahí estaba su auto, tenía que estar ahí o en casa de Lalo, que siempre estaba llena de gente, parecía el centro de reunión obligado de todo el mundo.

Salí del bar pasada la medianoche y entré al edificio donde vivía Lalo.

—Buenas noches, señorita Nadia —me saludó el portero.

—Buenas noches, Delfino, ¿sabe si está Dany en el departamento de Lalo?

—Sí, señorita, está allá arriba.

Decidí subir por las escaleras; sólo era el primer piso y ¡qué desesperación esperar a que llegara el elevador! Estaba impaciente, quería darle una sorpresa.

La puerta del departamento de Lalo estaba abierta, así nada más, de par en par, como si no hubiera rateros en la ciudad. Ya en el interior, sobre la mesa vi unas copas de vino casi terminadas y un gran desorden, parecía que hubiera pasado un batallón de guerra por ahí. No se me hizo raro porque Lalo era muy reventado y vivía solo con otro muchacho.

Me dirigí a la cocina. No había nadie, casi todas las luces estaban apagadas, excepto una lámpara de piso y la pecera que alumbraba el pasillo. Seguí por el corredor; la primera recámara estaba abierta y vacía, lo mismo que la sala de televisión.

Conforme me aproximaba a la recámara de Lalo escuché voces, murmullos y risas. Avergonzada, pensé: "Mejor me voy de aquí, qué tal si Lalo está con alguna chica, ¡qué pena!".

Pero después dudé: "¿Y si no es Lalo? ¿Si es Dany el que está en esa habitación con otra?". La curiosidad me venció y decidí acercarme más. La puerta estaba cerrada, lo único que alcanzaba a ver era una luz que salía por el piso como si un televisor estuviera encendido.

No sé por qué, pero una parte de mí me decía: "¡Abre esa puerta!" y otra ordenaba: "¡No, vete!". Acabé por abrir la puerta y, al ver la espalda de Lalo sobre la espalda de Dany, ¡de mi Dany!, lo único que deseé ¡fue morirme!

Desconsolada, rompí en llanto. Ambos me miraron espantados; era como si se les hubiera aparecido el diablo en persona. El único que atinó a decirme algo fue Lalo:

—Nadia, ¿qué haces aquí?

Yo le contesté:

—¡Infelices! De Dany podía esperarlo, sabía que algo raro había en su manera de proceder, pero de ti, Lalo, nunca lo habría esperado, pensé que eras mi amigo. Los dos me dan asco.

Salí del departamento llorando con rabia y con una tristeza inmensa por sentir que perdía a mi amigo y a quien creí que estaba muy cercano a ser el amor de mi vida. ¡Hazme el favor! Qué tonta fui, ¿cómo no me percaté de la verdad? ¡Qué ciega!

Nunca volví a saber de ninguno de ellos. Dejé de asistir a los lugares que frecuentaban y corrí a practicarme una prueba del sida, por si las dudas. Aunque nunca tuve sexo con Dany, hubo todo lo demás y más vale prevenir que lamentar.

Es fundamental que aprendamos a escuchar a nuestro corazón, y no dejarnos arrastrar por la soledad o la necesidad física de un hombre; *cuando sientas que algo anda mal* es *porque algo anda mal*. Seguramente una voz proveniente de tu interior te advierte: "¡Ten cuidado!". Aprende a escucharla, no es tan difícil, créeme que te evitarás muchas lágrimas y sufrimientos.

Un diálogo a manera de análisis

En esta sección analizaremos más a fondo el tema de la bisexualidad y sus efectos en las relaciones hombre-mujer. Uno de ellos, de gran importancia, es cómo superar la desilusión y la desconfianza generados en la pareja que se siente defraudada —e incluso tonta— por dejarse engañar. Otro es cómo recuperarse tras terminar una relación, bisexual o no.

Después de leerle a Juancarlos la historia que Nadia me confió, lloré de tristeza por mi amiga.

—Dime, Aline —preguntó Juancarlos—, ¿cuánto tiempo hace que sucedió lo que contó Nadia?

—Cerca de ocho meses.

—¿Sabes si ha intentado salir con otros muchachos?

—Sí, pero no puede, me dijo que siente desconfianza, teme que los otros muchachos vayan a salir como Dany, llora todas las noches y sufre pesadillas. Ha intentado refugiarse en sus estudios, en sus amigas, pero parece que un fantasma la persigue todo el tiempo.

—Caray, es importante que tu amiga busque ayuda profesional; estoy seguro de que con ese apoyo podrá recuperar la confianza en sí misma y en la humanidad (más adelante analizaremos la manera en que lo logrará). Se dará cuenta de que debe tomar lo que vivió como una experiencia más, de la cual hay que aprender a no involucrarse con personas como Dany, que le mandaba señales confusas (como cuando se besaba con la otra chica en el bar). En ese momento ella debió hacer caso de su intuición femenina y terminar de una vez por todas la relación o averiguar por otros medios quién era este joven que la tenía tan cautivada. Ahora lo que debe recordar es que, si bien todos somos imperfectos, no adolecemos de las mismas fallas y muy pronto habrá de encontrar una pareja adecuada.

—Eso espero, Juancarlos, pero, ¿puedes explicarme qué es la bisexualidad?

—Bisexual se llama a la persona que se relaciona sexualmente con ambos géneros, hombres y mujeres. Es muy común que un varón de quien se abusó sexualmente en su niñez, al crecer descubra que ese abuso se ha convertido en gozo sexual y, como consecuencia, busca ese tipo de intercambio con otros hombres. Pero, al mismo tiempo, se percata de que también siente atracción por las mujeres y, por tanto, decide actuar siguiendo sus instintos hacia ellas. De tal manera, este muchacho se convierte en un bisexual que sostiene relaciones con hombres y mujeres.

—¿Sabes? He tenido algunos amigos de quienes después me he enterado que son bisexuales y me disgusta que un hombre sea tan descarado como para andar contigo y con *otro* (imagínate el enredo psicológico en el que te metes al pensar que no te engañó con otra sino con otro). Debe de ser muy difícil para una chica enamorada aceptar que a su novio le gustan los hombres, o viceversa. Y todavía más duro superar una situación como la de Nadia. Lo bueno es que creo que ahora, por estos amigos de los que te hablo, ya puedo percibir si un chavo es bisexual.

—¿De qué manera?

—Bueno, pues tienden a mirar mucho a otros hombres, sobre todo sus partes íntimas. Y juegan a ser homosexuales. Como quien dice, ¡les gusta esa vida y lo demuestran! Sólo que muchas veces quienes los rodean piensan que bromean, no son lo suficientemente maliciosos como para captar esas señales que se mandan por debajo del agua.

—En efecto. Además, sé de muchos que frecuentan bares de homosexuales e incluso llevan a la novia con el pretexto de que son muy divertidos. Y de los que chatean por internet en los sitios especiales para *gays*.

—Juancarlos, una mujer que, como Nadia, vive un desengaño tan desagradable, ¿qué puede hacer para recuperar su autoestima y su confianza en sí misma y en los hombres?

—Es una pregunta difícil de contestar, sólo las personas que hayan vivido algo similar pueden entenderlo. Para las demás, los consejos o sugerencias quedarán sólo como buenas intenciones. Muchos pacientes míos han vivido casos parecidos y te contestaré con base en sus experiencias y en lo que hemos aprendido mutuamente.

"Lo más importante en la recuperación de una persona —una mujer en este caso— es dejar pasar un tiempo y evitar involucrarse en otras relaciones. Sin importar nuestra edad o estatus social, sin importar si se trataba de una relación bisexual o no, es muy común que, cuando ésta termina, busquemos vincularnos con otras personas que llenen el vacío que sentimos. Ese vacío que dejó el (o la) que se fue y que más bien debe llenarse con otro tipo de satisfactores que no sean el sexo y todo lo que implique sexo."

—No entiendo, ¿a qué te refieres?

—Te lo explicaré de la manera más sencilla posible: si recién terminaste una relación o alguien terminó contigo, mi recomendación es que lo más sano que puedes hacer es relacionarte con familiares, amigos o con quien tú quieras, siempre y cuando no se trate de ningún candidato a llenar el vacío que dejó tu "ex". En otras palabras, deja que ese vacío lo llene el tiempo. Cuando ese espacio ya esté lleno, es decir, cuando ya no te duela recordar o pensar en él, estarás lista para iniciar otra relación.

—Sí, estoy de acuerdo. Recuerdo que me comentaste que una persona que termina una relación y se involucra de inmediato en otra tiene menos posibilidades de obtener buenos resultados que alguien que se toma su tiempo para sanar.

—¡Claro! Ése es el secreto, de esa manera se define la madurez del ser humano. Todos cometemos errores, unos más graves que otros, pero la vida mide nuestro nivel de madurez con base en los ajustes que hacemos en nuestro diario vivir.

"Muchas mujeres divorciadas o separadas que conozco tienden a referirse a su vida como un fracaso sólo porque por diversas circunstancias sus relaciones no funcionaron como hubieran querido. Mi respuesta siempre es la misma: 'Serás una persona fracasada si no corriges los errores que hayas cometido en relaciones pasadas. Pero si haces correcciones y ajustes e intentas no cometer los mismos errores, no eres una fracasada, simplemente serás un ser humano que vive, sufre y goza en su intento de ser cada día mejor persona'."

—Qué bonito mensaje, Juancarlos, de verdad siento que hablar contigo me hace mucho bien y confío en que suceda lo mismo con las lectoras y los lectores de este libro. Por lo que entiendo, es fundamental que aprendamos de toda experiencia y que, aunque sea negativa, la usemos para crecer y ser mejores como seres que tenemos derecho a ser felices y a buscar nuestro verdadero lugar en este mundo.

—Entiendes bien, Aline. Todo lo que nos toca vivir debe ser bienvenido porque es una enseñanza. Esto no quiere decir que busquemos sufrir y sufrir, desde luego que no, pero sí debemos contemplar lo vivido con un enfoque positivo y entusiasta.

Para reflexionar

Después de conocer la historia de Nadia, Dany y Lalo, ¿consideras que aunque una experiencia como ésa te sea ajena, una sugerencia o un consejo a tiempo son sólo buenas intenciones o bien son focos amarillos que hay que tomar en cuenta? ¿Cuán difícil sería para ti enterarte de que a tu novia(o) le gustan las personas de su mismo sexo? ¿Has pensado cuál sería tu reacción?

Nadia se vio obligada a afrontarlo y su autoestima quedó reducida a cenizas, pues se atrevió a expresar sentimientos genuinos y no le pagaron con la misma moneda.

Vivimos una etapa de cambios impresionantes, en la que todo evoluciona tan rápido que lo que hoy es mañana posiblemente no lo sea y descubras que se ha transformado en algo muy distinto u opuesto.

¿Crees que puede suceder lo mismo con las preferencias sexuales de la gente?

¿Consideras que las jovencitas y jovencitos están más expuestos a estos "cambios"?

¿Recordaste algo o a alguien cuando leíste la historia de Nadia? ¿Su historia es parecida? ¿Cómo se le dio solución, o es que aún continúa?

¿Es válida para ti la famosa frase "que cada quien haga con su (cuerpo, vida, etcétera) lo que quiera"?

¿Hay alguien cercano a ti que haya aceptado esta situación y siga viviendo con su pareja? ¿Tú podrías hacerlo también?

Son cuestionamientos difíciles, ¿verdad?, pero reales, muy reales y no sabemos nunca cuándo la vida nos va a hacer una mala jugada.

Por último, ¿crees que vale la pena reflexionar sobre esto y generar ideas propias?

¿Manejas tu sexualidad de manera que nunca lastime tu autoestima?

La decisión es tuya.

3. ¿Cómo? ¿Codependiente yo?

Ésta es la historia de María, una mujer como cualquier otra, con sueños y necesidades, con anhelos de amar y ser amada. Por desgracia, al igual que muchas otras mujeres, María no supo —o si alguna vez lo supo, lo olvidó— que los sueños y las metas no se hacen realidad sólo con buenas intenciones. Se logran con trabajo, con constancia y con disciplina. Esto también se aplica en lo que se refiere a las metas de amar y ser amado.

María nunca aprendió a practicar estas reglas y como resultado estableció relaciones dañinas con hombres que quizá también tenían buenas intenciones, pero que sólo le causaron dolor y muchas cicatrices emocionales.

María me contó que al principio de la primera relación todo parecía ir bien. Si bien era inexperta en la vida, algo sí tenía claro: su firme propósito de conquistar a un buen hombre con quien llegar al altar y permanecer casada para toda la vida. Muy buenas intenciones, pero su falta de experiencia y las malas costumbres que heredó de su familia fueron sus más acérrimos enemigos en este primer intento de gozar de una relación saludable y duradera.

Al hablar de las malas costumbres heredadas por sus familiares me refiero a las enseñanzas que todos recordamos de mamá y de papá:

- "Las niñas buenas no tienen novio ni andan por las noches en la calle."
- "Nunca toques tu cuerpo porque es pecado."
- "En esta casa no se habla de sexo porque eso es malo."
- "No hagas lo que yo hago sino lo que yo te digo."
- "La mujer nació para estar en el hogar y tener niños; el hombre, para trabajar."
- "La mujer nunca debe cuestionar las decisiones de su esposo porque el hombre siempre tiene la razón."
- "La mujer nunca debe criticar las acciones de su esposo porque él es el rey de la casa."
- "Aunque tu esposo te pegue, tu obligación es quedarte a su lado."

Éstas y muchas otras ideas también ridículas grabaron en la mente y en el alma de la mujer el mensaje de que ella nació exclusivamente para servir al hombre. No es que debamos culpar a nuestros padres por estas enseñanzas, de ninguna manera. Las menciono porque de ellas proviene buena parte de los traumas que María vivió durante su niñez y adolescencia, mismos que la llevaron a tomar decisiones equivocadas en el romance y el amor.

María nunca creyó pertinente buscar ayuda profesional para sanar de estas "enseñanzas" que, por el contrario, abrieron profundas heridas en su yo interno. Se limitó a dejarse guiar por su intuición femenina y tuvo que vivir las consecuencias de sus acciones.

—Mi última relación fue la peor —me contó.

Y como por arte de magia se soltó a llorar y a gemir como sólo una mujer aquejada por un gran dolor puede hacerlo.

Yo la miré y tomando su mano compartí su dolor con mi silencio y dejé que se desahogara.

Nos encontrábamos en mi oficina en una de tantas sesiones que sostuvimos a partir del momento en que me buscó para intentar comprender el porqué de tantas decisiones erróneas en su vida.

A sus treinta y tres años, su rostro reflejaba los duros golpes recibidos y su mirada carecía del brillo característico que lucen las mujeres de su edad. De complexión delgada, poseía un gran atractivo físico; sin embargo, no mostraba la actitud y la presencia de alguien que controla su existencia.

Los tres hombres con quienes se relacionó tenían varias cosas en común. Los tres la sometieron a maltratos, golpes o abusos de otro tipo. De los tres concibió hijos, lo cual dificultó aún más su situación. Pero el punto de mayor interés es que, a pesar de todo, María no salió de esas relaciones por decisión propia: los tres hombres la dejaron a ella.

En la primera relación trajo al mundo dos hijos, una niña y un varón. Su esposo la abandonó cuando encontró a otra mujer que ocupara el lugar de víctima que María ocupó varios años. Ella le rogó que no se fuera, pero él no la escuchó. Se sentía tan infeliz que se humilló de la manera más baja, buscándolo en los lugares que frecuentaba. Nunca lo encontró. Meses después él se presentó, pero para pedirle el divorcio. Para entonces María ya había conocido a alguien más y vivía otro romance, en un esfuerzo por olvidar lo sucedido.

—Cuando volví a ver a mi esposo sentí ganas de pedirle otra vez que no se fuera, que regresara con nosotros. Pero al mismo tiempo me invadieron el coraje y el desprecio; además, tenía ya otra persona que me protegiera y me amara como yo quería y necesitaba —continuó María.

En efecto, sin terminar aún una relación matrimonial, comenzó otra con la ilusión de que su nueva pareja la haría muy feliz para toda la vida.

Nunca se le ocurrió que antes de comenzar una relación nueva debía sanar de la anterior. Según ella, cuando conoció al otro hombre seguía amando a su esposo y se involucró con él para "vengarse" del ingrato que la dejó sin tocarse el corazón.

Si tomamos en cuenta que una relación de pareja con miras a lograr algo estable y serio es como una carrera de cien kilómetros para la cual hay que prepararse, hemos de admitir que María se equivocó de todas todas. Nunca se preparó para la carrera, ya que cuando conoció a su primer esposo era una jovencita inexperta que se dejó conquistar y deslumbrar por su apariencia y personalidad.

Después de tan sólo tres días, accedió a tener relaciones sexuales con su novio y dos meses después ya se encontraba frente al altar, tomando como esposo a alguien casi desconocido para ella.

En contra de la opinión de sus seres queridos, decidió casarse y así huir —según ella— de la manipulación de su familia que no la dejaba "vivir a su manera".

Si continuamos comparando una relación seria con una carrera de cien kilómetros, observamos que María se lanzó a ella sin siquiera "calentar los músculos" un poquito; rápidamente se puso los tenis y empezó a correr como loca, sin idea alguna de cuáles eran los requisitos para participar.

Ahora sabemos que eligió mal a su primer esposo porque el maltrato comenzó casi de inmediato, en particular cuando llegaba pasado de copas a la casa. Entonces, con la seguridad y el valor falsos propios del alcohol, comenzaba a golpearla y hasta a violarla sin que ella supiera a quién recurrir.

—¿Cómo quejarme con mis padres o demás familiares si ellos me aconsejaron que no me casara? —se lamentó María, al hacer un amargo recuento de los pésimos momentos vividos al lado de un hombre de tan bajos sentimientos como aquél.

Sin embargo, racionalizaba los hechos; pensaba que su esposo la amaba y si la maltrataba era porque enfrentaba muchos problemas en el trabajo y no encontraba otra manera de desahogarse. Infinidad de veces justificó su comportamiento agresivo y, considerándose una bolsa de boxeo, dejaba que descargara en ella toda su inseguridad, su miedo, su coraje, y ¿por qué no? sus frustraciones.

Demasiado tarde descubrió que por falta de preparación había caído apenas al inicio de la carrera. Ya no podía regresar por temor al qué dirán, a que la gente la catalogara como fracasada y mediocre. Pero, sobre todo, no lo haría por no darle la razón a quienes le auguraron que una relación con alguien a quien acababa de conocer distaría mucho de ser perfecta.

"Lo bueno es que ya no lo necesito, tengo a otra persona que me hará mucho más feliz que este desgraciado", pensó María al presentarse su esposo a solicitarle el divorcio. Los papeles se firmaron y una relación nefasta y colmada de maltrato quedaba en la historia.

Si retomamos el símil de una relación y una carrera de cien kilómetros, la realidad sería contundente: al iniciar la carrera (su primer matrimonio) María no se preparó bien y se dislocó el tobillo (en otras palabras, salió lastimada). Dicha lesión equivale en este caso a terminar mal con tu pareja y, para agravar las cosas, no tomarte el tiempo necesario para sanar. Al relacionarse con otra persona antes de terminar con la primera, María se involucró en una situación comprometedora y dañina para ella y para sus hijos. Era como pretender comenzar otra carrera de la misma distancia cuando tu tobillo está dislocado y apenas puedes moverte.

Eso es justo lo que hizo María. Odiaba tanto a su esposo que quiso hacerle daño, sin imaginar que los que saldrían lastimados serían ella y sus hijos. Odiar y guardar ese odio en nuestro interior es como tomar un vaso de veneno todos los días y esperar que la persona a quien odiamos caiga muerta. Obviamente, eso no tiene sentido, pero muchos lo hacen todos los días hasta que, tras todo un esfuerzo de desarrollo personal, aprenden a vivir con autoestima.

La segunda relación de María fue casi una réplica de la primera. No aprendió a dejar de ser una víctima y, sobre todo, a no depender de alguien más para ser feliz. Por ende, su comportamiento atrajo a otra persona con las mismas características de su pareja anterior. El resultado fue más abuso físico, verbal y psicológico; todo lo que no se debe tolerar.

La Biblia, en su Libro de Proverbios, lo expone de una manera hermosa:

> Lo que el hombre y la mujer piensen de sí mismos eso serán.

Esta segunda relación que, lógicamente, fue en unión libre, duró mucho menos que la primera —casi dos años— y le dejó un hijo más. Como podría predecirse, de nuevo fue abandonada por la misma causa: otra mujer.

—No me lo explico. ¿Por qué me dejan si soy buena? —me preguntaba María con tono lastimero.

—No hay una única razón para ello —contesté—. Es una mezcla de muchas cosas, comenzando con tu autoestima y tu deseo de no estar sola. Tiene que ver con que no puedes ni sabes ni deseas aprender a estar sola. María, eres una mujer codependiente. ¿Sabes qué es eso?

Su silencio fue muy elocuente.

—Crees firmemente que necesitas que alguien esté contigo para sentirte feliz. Y como no sabes lo que es una relación saludable, tiendes a involucrarte con hombres que sufren lo mismo que tú: la codependencia. Ya te explicaré más sobre esto.

"Ahora cuéntame sobre tu tercera relación y por qué dices que fue la peor."

—No sé, doctor, creo que no tengo suerte para el amor.

—La suerte no existe para los triunfadores, sólo para quienes necesitan una excusa para no serlo. ¿Entiendes lo que te digo?

Ella me miró fijamente, como si quisiera asimilar mis palabras.

—¿Usted no cree en la suerte, doctor?

—Para serte franco, no. Creo en la habilidad y la inteligencia que poseemos los seres humanos. Creo en el amor que siento por mí mismo y en la necesidad de ser amado por alguien como yo lo deseo, y no como esa persona quiere amarme. Piensa en eso, María, es importante que seas amada por un hombre, pero en la manera que tú quieres y necesitas.

—Me siento confundida, la verdad es que no sé lo que quiero.

—En efecto, estás confundida, por eso viniste a consultarme. Estabas por hablar de lo que sucedió en tu tercera relación.

—Me enamoré como nunca lo había estado, eso fue lo que pasó.

—Así que te enamoraste como nunca antes. A ver, María, ¿puedes definir lo que el amor es para ti?

Mi interlocutora no contestó. Miraba para todos lados, como si intentara encontrar en algún rincón una respuesta a mi pregunta.

—No sé, doctor. Siento que era amor pero... no alcanzo a definirlo —guardó silencio unos momentos—. ¿Cree que no era amor lo que sentía?

—¡Ah! Excelente pregunta, ya llegaremos ahí. Continúa, por favor.

—A Javier lo conocí una tarde lluviosa y fría en uno de esos restaurantes de comida rápida. Para serle franca, había salido de la casa después de que Pedro, mi esposo, me golpeó. Yo le llamaba así aun cuando nunca estuvimos casados. Ya era una rutina para mí salir de la casa unas horas, después de lo cual se me pasaba el enojo y regresaba como si nada hubiera ocurrido. En ese tiempo vivía con nosotros mi hermana menor y dejaba a los niños con ella mientras yo buscaba la manera de desahogarme. Unas veces iba al cine a pasar el tiempo mientras que otras decidía caminar o acudir a algún centro comercial.

"No sé por qué, doctor, pero la mayoría de las ocasiones en que Pedro me golpeaba yo me sentía culpable de lo que él me hacía. Una parte de mí me decía que no había razón para ello, pero otra me recriminaba por ser una mala mujer y no comprender las presiones a las que estaba sometido. Era algo muy extraño."

—Por muy raro que parezca, déjame decirte que tu caso no es único; muchas mujeres se sienten culpables aun cuando son las víctimas. Piensan que ellas provocan de alguna manera la ira y el coraje de sus parejas y por eso las golpean. Y son muchas las que creen incluso merecer el maltrato por considerarse malas esposas. ¿Tú pensabas que lo eras?

—Tal vez. Siempre hice todo lo posible para que Pedro estuviera contento conmigo. Para mí la prioridad era que él estuviera contento y me aprobara.

—¿Por qué te parecía tan importante complacerlo y, además, lograr que aprobara todo lo que hacías?

—Muy fácil, doctor, no quería que se fuera como lo hizo mi esposo.

—Ése es otro síntoma de la codependencia. ¿Recuerdas que mencioné que eres una mujer codependiente?

—Sí, ya voy captando más lo que significa.

—Muy bien, adelante.

—Bueno, como le dije, conocí a Javier en un restaurante de comida rápida. Estaba sentado tomando un refresco y desde que entré sentí que me observaba. Por un instante nuestras miradas se cruzaron, pero yo, avergonzada por mi ojo morado y mis labios hinchados, preferí desviar la mía. Me sentía humillada, ultrajada y enojada. Sin embargo, estaba consciente de que todo se me pasaría y tarde o temprano regresaría a casa para reconciliarme con Pedro. Ordené algo de comer y, callada, con la cabeza baja, me dirigí a una de las tantas mesas desocupadas.

"—¿Puedo sentarme contigo? —frente a mí estaba el joven que me incomodó con su mirada.

"No supe qué decir y opté por quedarme callada. Deseaba de todo corazón que se fuera, pues no estaba en condiciones de charlar con nadie. Mi cara y mi cuerpo estaban golpeados y mi alma destrozada. No quería saber nada de nadie. ¿Cómo explicarle a un desconocido que tu esposo te golpeó y por eso estás así? Si fuera la noche de brujas podría argumentar que estaba disfrazada, pero apenas corría el mes de junio. 'Por favor, vete y no me preguntes más', pensé. Pero ahí estaba, de pie, esperando una respuesta.

"—¿Puedo ayudarte en algo? —insistió—. Disculpa mi atrevimiento, es que siento que necesitas hablar con alguien. No sé qué te pasó y si no quieres contármelo lo acepto, pero si decides hacerlo aquí estoy. Trabajo en un hospital como consejero y ayudo a personas maltratadas. No quiero decir que tú lo hayas sido, quizá tu ojo morado se deba a que te caíste de la cama...

"No pude evitar reír. Me pareció tan chistoso lo que escuché que simplemente reí.

"—Qué linda sonrisa tienes. ¿Eso significa que sí puedo sentarme?

"Intentando cubrir con la mano la parte más lastimada de mi cara, alcé la mirada y asentí.

"—Me imagino que la cama estaba bastante alta, ¿no es así?

"—No, no me tiré de la cama —le contesté—. Mi esposo me golpeó, si tienes que saberlo.

"—Discúlpame, no quiero entrometerme en tu vida privada.

"—¿Dices que trabajas como consejero?

"—Sí, desde hace cuatro años. Y tú, ¿qué haces?

"—Soy recepcionista en un bufete de abogados, pero me imagino que aduciré una excusa para no ir a trabajar unos días mientras sana mi ojo.

"—¿De veras te golpeó tu esposo?

"—Sí.

"—¿Es la primera vez que lo hace?

"—No.

"—¿Y por qué estás en esa relación?

"—Creo que lo quiero y, pues, tengo un hijo con él.

"—¿Significa eso que no estás segura de quererlo?

"Su pregunta me hizo pensar, había tanto caos en mi vida que no estaba segura de nada. Todo mi mundo giraba alrededor de mi esposo, de complacerlo. No sabía hacer nada más. Ahora me doy cuenta de que no aprendí otra cosa.

"Constantemente venían a mi mente las palabras de mi madre: 'Pase lo que pase, el lugar de una mujer es al lado de su marido'. No supe qué contestar.

"—¿Y él te quiere de la misma manera como tú dices quererlo? —insistió el desconocido, que para estas alturas ya me parecía un amigo.

"—Pues pienso que sí, está conmigo y eso me dice que me ama. ¿No lo crees así?

"—Bueno, yo he aprendido que cuando uno ama a otra persona lo demuestra con hechos y no sólo con palabras. Además, en mi opinión, alguien que ama no golpea. A todas éstas, disculpa mi mala educación, mi nombre es Javier. ¿Cuál es el tuyo?

"—María.

"Extendió la mano y me dijo:

"—Mucho gusto, María.

"Quizá fue mi imaginación pero en ese momento percibí cierta ternura en la mirada de este hombre a quien acababa de conocer. Y cuando apretó mi mano sentí un calorcito muy agradable, una sensación que me inspiraba confianza."

—¿Qué pasó después de esa reunión?

—Regresé a casa horas más tarde y, a pesar de que aún me dolían la cara y el cuerpo, estaba mucho más calmada. La charla con Javier me hizo bien y me complació la atención que me brindó. Creo que por primera vez en mi vida alguien mostraba interés en mis deseos o pensamientos. La conversación no fue muy larga pero me infundió ánimo. Sentía paz y tranquilidad. Es más, ni siquiera los reclamos de Pedro —"¡Dónde andabas!"— me molestaron. Estaba demasiado ocupada reflexionando en el cuestionamiento de Javier sobre si Pedro me quería como yo a él. Y es que nunca pensé en eso, siempre di por hecho que mi compañero me amaba y por eso estaba conmigo.

—¿Cómo se comportaba Pedro contigo?

—Al principio era más o menos cariñoso, claro, nunca como en las películas. Yo les preguntaba a mis amigas cómo las trataban sus esposos y me decían que con tal de que estuvieran con ellas todo lo demás era ganancia. Muchas también recibían maltratos y, pues, yo aprendí a contar lo "bueno" que tenía y a conformarme con la presencia de Pedro y su apoyo económico.

—¿Qué pasó con Javier?

—Comencé a frecuentarlo; lo visitaba en su trabajo con la excusa de que necesitaba sus servicios como consejero. Poco a poco me di cuenta de que era un hombre excepcional. Nunca había conocido a alguien como él.

—¿Qué lo hacía tan diferente?

—Mostraba interés en mí de una manera a la cual no estaba acostumbrada. No se fijaba sólo en mi cuerpo, su preocupación era genuina, incondicional. No me pedía nada a cambio, se comportaba como un amigo, de esos que realmente procuran tu bienestar.

—Sé a lo que te refieres. Es una emoción linda saber que hay alguien que se preocupa por ti sin condiciones. Uno se siente, cuál es la palabra que busco... "especial".

—Exactamente, buena palabra, especial. Es muy bonito sentirse así.

—¿Tú te sentías especial con Javier?

—Sí, siempre que lo veía. Como es natural, buscaba la manera de visitarlo en su trabajo dos o tres veces por semana. El hospital quedaba relativamente cerca del bufete y me presentaba para verlo aunque fuera sólo unos minutos.

—¿Cuáles eran tus sentimientos hacia Javier?

—Me estaba enamorando locamente de él, al grado de no importarme los insultos o maltratos de Pedro. Comparado con el gozo de poder mirar a Javier, todo eso perdía significado. Mis visitas al hospital se convirtieron en el aire que necesitaba para respirar. ¡Era tan hermoso!

—¿Crees que Javier te correspondía?

—Al principio no estaba segura, ya que me trataba como a todas las demás personas que iban a consultarlo. Pero poco a poco comenzó a acercarse a mí de modo diferente. En cada oportunidad me tocaba la mano y rozaba mis hombros o mi cabello. Era muy agradable.

"Una tarde lo encontré decaído. Me contó que su mamá había fallecido y se sentía muy triste y solo. Como impulsada por un resorte me arrojé en sus brazos para brindarle cariño y protección. Protección no sé de qué, pero sentí la necesidad de devolverle un poco de lo mucho que él me había dado. Se puso a llorar en mi hombro y por primera vez en mi vida me sentí profundamente unida a alguien. Nuestros brazos se entrelazaron como formando un molde perfecto; no había nada fuera de lugar. Era una combinación sublime. Y de repente, como impulsados por el destino, nuestros labios se unieron.

"Fue el beso más tierno y sensual que jamás disfruté. Era imposible saber quién besaba a quién. Los dos parecíamos estar unidos de una manera mágica. De nuestros labios emanaba un néctar angelical, el jugo de la pasión, y era imposible dejar de beberlo. Nos olvidamos por completo de la gente a nuestro alrededor y continuamos besándonos como si fuera el ultimo día de nuestra existencia. ¡Fue maravilloso!

—¿Te sentiste culpable? Después de todo, eras una mujer casada, aunque no legalmente, pero compartías tu vida con alguien más. ¿No es así?

—Así es, pero, ¿sabe qué? No sentí la más mínima culpa. En ese momento me olvidé de mis hijos, de mi esposo, de mi familia. Lo único que quería era estar con Javier y regalarle mi cariño y ternura. Quería colmarlo de todo lo que yo necesitaba. Era un momento mágico y no estábamos dispuestos a dejarlo ir. Queríamos más. Parecíamos embriagados y, como si el tiempo se hubiera detenido y sin saber cuándo ni cómo pasó, de pronto estábamos en su departamento donde los besos y las caricias se convirtieron en una entrega total. Fueron, no sé, cuatro o cinco horas de intenso placer físico y hasta espiritual. Con decirle que creo que tembló... A partir de entonces tuvimos muchos otros encuentros igualmente agradables.

—A raíz de ello, ¿qué pasó con Pedro?

—Bueno, conforme mi relación con Javier progresó, era de esperarse que la que tenía con Pedro se deteriorara. Javier parecía inyectarme fuerza para soportar los abusos de Pedro, aunque éstos ya no eran tan graves. Javier me aconsejó que no me dejara maltratar más y que de ser así llamara a la policía. No sé de dónde saqué fuerza para confrontarlo y advertirle que no toleraría más abusos ni maltratos físicos. Parece que mis palabras causaron el efecto que quería porque desde entonces se limitó a las malas palabras y a darme uno que otro empujón.

"Creo que mi cariño por Javier y el suyo por mí me impulsaron a continuar luchando. Tenía tanta necesidad de su compañía que soñaba despierta y sacrificaba el tiempo que debería pasar con mis hijos para estar con él. Era algo delicioso, como una droga cuyo efecto deseas que nunca acabe.

—¿Acaso no te dabas cuenta de los síntomas de esta relación?

—No le entiendo, doctor. ¿Qué quiere decir?

—Esos síntomas de estar enamorada con locura de alguien, ¿no los habías sentido antes con otra persona?

—Pues…

—Vamos, María, piensa en tus relaciones pasadas. Cuando estabas casada con tu primer marido y éste te maltrataba. ¿Acaso no fue entonces que conociste a Pedro y sentiste lo mismo que Javier te inspiró después?

—Ahora que lo menciona, creo que sí.

—Gracias, María. Es importante que reconozcas el patrón de comportamiento que has alimentado durante años. Deseabas tanto amar que estabas dispuesta a hacer cualquier cosa con tal de que también te brindaran un poquito de amor. Repetiste con Javier lo sucedido con Pedro. Tú comparas lo que tienes con lo que te gustaría tener y tu corazón te pide. En otras palabras, sabes lo que quieres, lo que necesitas y te hace feliz, pero no cómo conseguirlo. La única manera que conoces es entablar relaciones fáciles con hombres que también sufren de codependencia. Vamos a pensar que tu primer esposo, Pedro e incluso Javier se proponían mantener una relación duradera contigo; démosles el beneficio de la duda. Pero no sabían cómo lograrlo. Se dejaron llevar por lo que sentían en ese momento, sin tomar en cuenta que con el paso del tiempo las emociones cambian. Lo que mucha gente llama amor es en realidad admiración, cariño, dependencia o un enamoramiento pasajero. Llámale como quieras, pero no es amor.

"El amor que funciona como cimiento de relaciones duraderas y fuertes ante cualquier tipo de problema u obstáculo necesita tiempo para desarrollarse. No un día ni dos, sino un lapso suficiente para que ambas personas se conozcan en todos los aspectos. Ahora bien, mientras lo hacen es imperativo que no haya un intercambio sexual."

—¿Por qué no debe haber relaciones sexuales durante el tiempo en que las personas se conocen, doctor? Según algunos, es necesario cerciorarse de ser compatibles en la intimidad, y no hay mejor manera de descubrirlo que por medio del contacto sexual.

—Eso no es cierto. Te explicaré por qué. Cuando el sexo no es una expresión del amor se convierte en un obstáculo para el amor. En otras palabras, si involucras el sexo antes de que el amor nazca, la misma relación sexual se interpondrá en su camino.

"Para que una relación perdure, la pareja necesita *primero* erigir bases de respeto, comunicación, admiración y amor. La relación sexual será el resultado de todo ello, no lo contrario.

"De otra manera, cuando la pareja sostiene relaciones sexuales primero es muy difícil, pero muy difícil, que se dé tiempo para enamorarse. Ya no habrá ningún tipo de incentivo, por lo menos para el hombre, a quien le cuesta mucho más lograr una relación monógama, de compromiso y exclusividad. Si a un hombre le das sexo rápidamente, es muy probable que lo pierdas rápidamente.

"Volvamos al tema de Javier, ¿qué pasó después?"

—Con el paso del tiempo nos involucramos más y más. Nos veíamos tres o cuatro veces por semana y todo era hermoso. Ilusionada, estaba segura de que era el hombre que esperé toda mi vida.

—¿Qué hacían en sus citas?

—Como vivía solo, nos reuníamos en su departamento. A veces veíamos televisión, pero casi siempre teníamos relaciones sexuales.

—En otras palabras, ¿nunca dedicaron el tiempo necesario a construir los cimientos de su relación? Más bien, por lo que escucho, le dieron paso al sexo mucho antes de que el amor llegara.

—Entiendo su intención, doctor. La razón por la que mis relaciones no funcionaron es que le abrí paso primero a ese aspecto.

—Sí, claro, eso tuvo mucho que ver, aunque el problema mayor fue tu codependencia respecto de tus parejas. Estabas convencida de que no podías ser feliz a menos que hubiera un hombre a tu lado. Por otra parte, ¿cómo iba tu relación con Pedro?

—Él nunca sospechó que le era infiel. Siempre fue descuidado y desatento conmigo y con los niños. Lo que pensaba que era amor se convirtió en indiferencia y frialdad. Es más, pensaba dejarlo y pedirle a Javier que se mudara con nosotros. Ése era mi plan y confiaba por completo en que a él le encantaría la idea, dado que nos llevábamos muy bien... por lo menos en la cama, pues fuera de ella no teníamos idea de lo que nos gustaba o no.

"Ocho meses después de haber conocido a Javier ocurrió algo que no sólo cambió mi vida sino que la destruyó por completo. Por eso le mencioné que mi tercera relación fue la que más daño me causó. Sucedió un desastre."

—Cuéntame.

—Aun cuando Javier mostró interés en mí y aceptó el hecho de que yo tuviera hijos y planeara dejar a Pedro, en realidad yo no sabía cuán fuerte y firme era su compromiso conmigo.

—Veamos. Conociste a Javier ocho meses atrás y siendo una mujer casada te involucraste con él en el aspecto sexual. ¿En verdad esperabas que, sin terminar la relación con tu pareja, él mostrara algún tipo de compromiso contigo?

—Pues sí, pensaba que como me aceptó conociendo mi situación sus intenciones eran buenas.

—Seamos claros en algo: hay una gran diferencia entre aceptar, estar sexualmente contigo y casarse contigo. ¿Correcto?

—Sí.

—En otras palabras, Javier aceptó mantener una relación sexual estable contigo, pero nunca te dijo que quisiera casarse, ¿o sí?

—No.

—Bien, es que quiero que entiendas la gran diferencia entre lo que tú pensabas y deseabas y lo que Javier quería de ti. Tú le ofreciste la oportunidad de contar con una amante incondicional y eso resulta muy tentador para muchos hombres. Si le preguntáramos lo que él quería de la relación, casi podría asegurar que su único deseo era ese sexo sin compromiso. Desde luego, únicamente estoy presuponiendo. Continúa, por favor.

—Un día llegué al departamento de Javier, contenta como siempre por poder estar con él y con unos envases de comida china que había comprado en un restaurante de lujo. Como era una ocasión especial, le daría una gran sorpresa y pensaba preparar el ambiente para comunicársela ofreciéndole su manjar favorito.

"Él ya se encontraba ahí, relajado frente al televisor, viendo un programa sobre la naturaleza o los animales. Su estado de ánimo era estupendo y eso me gustó porque me facilitaría hablar con él.

"—¿Y ese milagro que traes comida? —me preguntó intrigado.

"Yo solía cocinarle los platillos de su agrado y para demostrarle lo mucho que lo quería se los llevaba al trabajo. Él lo disfrutaba porque, modestia aparte, tengo muy buen sazón.

"—Te tengo una sorpresa —contesté— y ésta es mi manera de que celebremos.

"—Vamos a comer primero y luego me cuentas tu sorpresa.

"Después de comer hicimos el amor y, como siempre, fue maravilloso. Durante todo ese tiempo yo pensé cómo le comunicaría lo que ansiaba compartir con él.

"Casi llegado el momento de marcharme, lo tomé de las manos, le di el más tierno de los besos y con toda la pasión y la felicidad que era capaz de expresar le dije:

"—Vamos a ser padres. Vamos a tener un bebé.

"No pude interpretar su expresión, era una máscara de incertidumbre, asombro o no sé qué. Inesperadamente comenzó a reír a mandíbula batiente.

"—¿Cómo que vas a tener un bebé? ¿De quién, de tu esposo?

"—No, tuyo, el fruto de nuestro amor.

"Javier soltó mis manos y me lanzó una extraña mirada:

"—Espérame tantito; ¿tú, que eres una mujer casada, vienes a decirme que vas a tener un hijo conmigo?

"—Sí. ¿No te da gusto?

"—¡No! ¿Qué, no te estabas cuidando? ¿Cómo fue a pasar esto? Yo no planeo ser padre todavía, mucho menos contigo.

"—Pero, ¿por qué dices eso? Pensé que te alegraría la noticia. Yo te amo y sé que tú me amas, ¿por qué no estás contento?

"Ay, doctor, su respuesta me destrozó el corazón:

"—Mira, María, tú me caes bien y me gustas, pero eso es todo. Eres una mujer casada, con hijos, y pensé que sólo querrías pasar un buen rato. Yo nunca te he dado muestras ni indicios de que desee una relación formal contigo. Cuando nos conocimos te ofrecí mi ayuda y nada más. Me pareciste una mujer atractiva con muy buen cuerpo y pensé que lo que te interesaba era una aventura sexual. No te niego que me he encariñado contigo por todos tus detalles, pero hay algo que no sabes: yo tengo novia y pensamos casarnos. Como te darás cuenta, no hay lugar para una relación entre nosotros, mucho menos para una criatura. Si yo fuera tú, me haría un aborto de inmediato, creo que sería lo mejor. Si quieres yo te ayudo con los gastos.

"Atónita, sentí como si se hubieran subido a mi cuerpo millones de hormigas. Todo mi mundo se había derrumbado y estaba sola entre los escombros. Ante lo crítico de la situación comencé a hacer lo que me salía natural: llorar y suplicar.

"—No seas así, Javier, sabes que te amo y quiero que tengamos este bebé los dos. Tú eres un buen hombre y serás un padre estupendo. Por favor, ¡recapacita!

"Intenté besarlo y abrazarlo pero ante mi estupor me rechazó y me empujó. Me hizo sentir como un animal a quien ya no se le quiere y se le echa con una patada. No sabía cómo reaccionar. Sentía que el hombre al que amaba se me iba, que lo perdía. Rogué y rogué sin obtener a cambio más que indiferencia y frialdad.

"Salí de su casa decidida a luchar por su amor y por mi hijo."

—¿Y qué hiciste?

—Lo que cualquier mujer despechada; iba a buscarlo casi a diario a su trabajo y a su casa. No estaba consciente de que cuanto más lo hiciera más lo alejaría de mí. Me humillé como nunca. Le supliqué que no me dejara, que recordara todos los momentos que pasamos juntos, pero él ya era otro hombre y ese nuevo hombre no quería saber nada de mí.

—¿Qué pasó con tu bebé?

—Decidí tenerlo. Por su parte, Pedro había comenzado a andar con otra mujer y en cuanto se enteró de que estaba embarazada aprovechó para abandonarme, dejándome sola con cuatro hijos.

—Una situación muy difícil, sin duda. Ahora, cuéntame, ¿qué has aprendido de todo esto?

—He aprendido que necesito ayuda, doctor. No puedo pasar de una relación a otra y tener hijos con cada hombre que me muestre cariño. Debo aprender cosas nuevas para así obtener cosas nuevas.

—Me da mucho gusto oírte hablar así, María. Has sufrido las consecuencias de tus emociones y hasta cierto punto de lo que te ordenan tus hormonas. Tu mayor problema ha sido depender de alguien más para ser feliz en la vida. Iniciar una buena relación depende de ti. Antes de que intentes dar amor, cariño y todo lo bello de la vida a alguien más, es fundamental que te lo des a ti misma. No puedes ofrecerle a otra persona algo de lo que careces.

"La codependencia es un problema que heredamos de nuestra familia, de la sociedad y hasta de la Iglesia. Todas estas instituciones actúan con intención de ayudarte, pero fallan en algo primordial: asegurarte que la persona más importante y hermosa del mundo eres tú. Sin esa información programada en tu cerebro, desde pequeña se te condena a una vida de dependencia, dolor y sufrimiento.

"Cuando somos niños no podemos hacer nada para cambiar o deshacernos de toda la mala información que recibimos de la familia. Pero al llegar a la edad adulta ya somos capaces de lograrlo. ¿Cómo? Por medio de la educación, la terapia, la lectura de libros y materiales de superación personal, pero, sobre todo, la relación con personas que tienen lo que nosotros deseamos. Si conoces a alguien que cuenta en su interior con algo que tú quieres, haz lo que esa persona hace y obtendrás lo que esa persona tiene.

"María, espero que tu historia ayude a muchas mujeres que entablan relaciones dañinas para ellas. Los únicos elementos que necesitas para ser feliz son tu persona, tu fe, tus ambiciones, tus metas, tu amor propio. Tus sentimientos hacia tu esposo y tus hijos, tu trabajo y tu educación son complementos benéficos, sí, pero complementos de lo que tu amor propio te otorga.

"Si deseas alcanzar la plenitud en el amor, aprende a exigir. No permitas que tu pareja te ame sólo como él sabe. El hombre entrega amor como hombre y no sabe lo que la mujer quiere a menos que se eduque o ella le enseñe. Enséñale a tu hombre a amarte como deseas ser amada. Moldea su carácter para que provea tus necesidades emocionales y sexuales. Estoy convencido de que no será un verdadero varón responsable y caballeroso en tanto no se ponga en manos de una bella mujer que le enseñe el aspecto hermoso de la feminidad. Así como una mujer —su madre— le enseñó a ser machista y sexista, otra —su esposa, novia o amante— puede enseñarle a ser mejor pareja.

"María, no te conformes con una relación mediocre, mereces mucho más que eso. El Creador de todo lo visible e invisible, llámale Dios o como quieras, te ama y quiere verte feliz en todo lo que emprendas. Él vive dentro de ti. En otras palabras, todo lo que necesitas para ser feliz está en tu ser. Ya no busques fuera lo que se encuentra en tu interior. Sé lo que quieras ser y hazlo bien para dejar como herencia a tus hijos ejemplos de superación que nunca serán olvidados."

Un diálogo a manera de análisis

En esta sección hablaremos del efecto que la codependencia provoca en el ser humano, hasta convencerlo de que sin una pareja no es nada, si no hay alguien que lo ame no vale por sí mismo. Es una conclusión equivocada a la que llegan millones de personas que han permitido que su autoestima baje tanto que los aniquile, los anule. El poder de una relación dañina es infinito y las secuelas pueden afectarnos durante toda la vida. Ojalá todos tuvieran la oportunidad de decir "hasta aquí, ya basta. Soy un ser único, merezco respeto y no estoy dispuesto(a) a relacionarme con alguien que no quiera entenderlo". Todo comienza por el amor que sentimos por nosotros mismos y, afortunadamente, ahora contamos con múltiples materiales y grupos para combatir la codependencia y reafirmar la autoestima.

—Juancarlos, la historia de María me recordó cómo era yo en una época y pensé en otras amigas que sufren del mismo mal. Es terrible creer que tenemos mala suerte en el amor, qué equivocadas estamos cuando pensamos así. A mí me tomó años entenderlo, hasta que me percaté de que el problema radicaba en mí, ¡yo era el problema! Una vez que lo descubrí, decidí trabajar en su solución y elevar mi autoestima. Me fue muy útil leer sobre superación personal y acudir a terapias breves.

"Ahora quisiera aclarar contigo algunas dudas. Tus respuestas a ellas seguramente ayudarán a las lectoras que perciban que alguno de los 'síntomas' de la codependencia pueden estar infiltrados en su personalidad.

"Me parece que el problema de muchas mujeres codependientes consiste en su falta de autoestima. ¿Cómo adquirimos autoestima? ¿De dónde la sacamos? ¿Cómo la programamos en nuestra mente?"

—La autoestima se adquiere de dos maneras: por la educación que recibas de tus padres desde pequeña o por la educación que adquieras, ya de adolescente o adulta. Todos los estudios pedagógicos realizados apuntan al hecho de que la relación que una niña mantenga con sus padres —en particular con su padre— es un indicativo rotundo de la manera en que se conducirá cuando sea adulta y, sobre todo, el tipo de hombres con quienes se relacionará. Si los padres no educan a sus hijos con buenos ejemplos, con amor y con *disciplina*, éstos recibirán en la calle, la escuela o la iglesia la educación que no obtienen en casa. La educación debe comenzar en el hogar y en ningún otro lado.

"Como ya mencioné, en nuestra sociedad hispana los padres practican muy seguido con sus hijos el viejo dicho de: 'No hagas lo que yo hago, haz lo que yo digo'.

Sabemos que este tipo de enseñanza no logra absolutamente nada en la mente y el espíritu de una niña que lo único que desea es que sus padres le hagan saber que la aman por medio de sus actos, incluso los disciplinarios.

"Por ejemplo, en un comercial de televisión transmitido en la ciudad de Los Ángeles, mostraban a un adolescente vestido con ropa descolorida y desgarrada y el cabello pintado de varios colores, para después comentar: "No importa la manera como tus hijos se vistan o se comporten, siempre y cuando sepas con quiénes se juntan". La información que ofrecen estos comerciales es negativa porque dan a entender que saber con quiénes andan tus hijos es más que suficiente para controlar su comportamiento. Pero, si tan sólo usáramos nuestro sentido común, tendríamos que cuestionarnos: ¿en verdad bastará saber con quién se junta tu hija? ¿Acaso no le hace falta cierto nivel de disciplina y orientación? Estoy convencido de que a las hijas y a los hijos lo mejor es darles algo que en inglés se denomina *tough love* y que podría traducirse como 'amor firme', un amor que se muestra con acciones firmes y fuertes y con decisiones sabias.

"También es factible adquirir autoestima ya en la adolescencia o en la edad adulta. Si tus padres no te dieron una buena educación y una guía positiva, de alguna forma tendrás que asegurar tu salud mental y autoorientación que, a su vez, construirán tu estima propia.

"Pero, ¿cómo lograrlo? Para ser sincero, a una o un adolescente le será difícil forjarse esa sanidad mental que te lleva a una buena autoestima. En primer lugar, porque la gran mayoría de los adolescentes que provienen de hogares quebrantados creen sinceramente que los problemas que enfrentan no son responsabilidad de ellos en absoluto, más bien, los culpables son todos los demás.

"Parece cruel, pero si hay algo que les resultará de gran ayuda serán los golpes de la vida, son excelentes maestros. En psicología llamamos a este proceso "los dolores del crecimiento". Además, relacionarse con personas bien intencionadas les servirá en el proceso de tomar mejores decisiones.

"Ahora bien, un factor esencial para que las adolescentes y las adultas jóvenes obtengan o continúen desarrollando su autoestima es, sin duda, la educación. La educación es como un arco iris, pues nos deslumbra con colores y tamaños diferentes. Por un lado está la educación escolar, que se adquiere en las escuelas y los libros y, por otro, la empírica, que se adquiere por medio de la iniciativa propia y la asociación con seres humanos con un enfoque positivo.

"La autoestima es el agua del espíritu y la vitamina de tu carácter, lo que define quién eres y hasta dónde puedes o quieres llegar. Para lograr una buena dosis de ella necesitas enamorarte de ti misma antes de intentar enamorarte de alguien más. Sin embargo, muchas personas, en particular las mujeres, tienden a preocuparse por todos excepto por ellas mismas.

"Una madre con problemas matrimoniales me contestó lo siguiente después de preguntarle por qué no terminaba su relación:

"—Por mis hijas, doctor. Si mis hijas están bien, entonces yo estaré bien.

"Está por demás decir que le di un sermón sobre cuán equivocada estaba y que, precisamente por ver la vida de tal manera, seguía involucrada en una relación dañina y turbulenta. Al final de la charla le dejé claro que para conseguir y mantener una autoestima sana necesitaba invertir su posición:

"—Si tú estás bien, tus hijas están bien —le señalé."

—Gracias por la explicación. Ahora, Juancarlos, dime, ¿cómo podemos saber que somos mujeres codependientes?

—La definición de la codependencia es la siguiente: necesitar de alguien para sentirte completa y con una estabilidad moral, espiritual y psicológica. En otras palabras, ser dependiente de alguien equivale a ser mentalmente inestable y, como dijera Abraham Lincoln: "La definición de la inestabilidad mental es hacer siempre lo mismo y esperar resultados diferentes". Las mujeres codependientes creen que "quieren" a la persona, sea quien sea, y que sin su compañía, cariño, o maltrato, no pueden vivir.

—Pero entonces, ¿qué es querer? ¿Cómo definirlo para no confundirlo con otro sentimiento?

—Querer es desear algo con fines de uso y manipulación. Queremos un automóvil o cualquier otra cosa material. Pero usar el término al referirnos a una relación amorosa es incorrecto; entonces, en realidad, deberíamos optar por el verbo "amar".

"Decir 'Te quiero' tiene una connotación de posesión y manipulación. Pero, ¿cuántas veces cuando una mujer escucha esa frase la traduce como: 'Me ama'? Es muy común que se equivoque al interpretar ese mensaje. De ahí la importancia de que tome en cuenta que si un hombre le dice: 'Te quiero', lo que en realidad le comunica es: 'Te deseo y mi única intención es disfrutarte hasta que dejes de interesarme'.

"La mujer sufre de lo que yo llamo 'mal de oído'; escucha lo que quiere escuchar aunque el mensaje masculino esté impregnado de deseo sexual y manipulación emocional. Es necesario que tanto los hombres como las mujeres aprendamos a expresarnos de la manera más clara y franca posible para así evitar malos entendidos y malas experiencias.

"Recapitulemos. La mujer codependiente cree que quiere, o que ama, pero no necesariamente es así. Lo ideal sería que reconociera que lo que siente es más bien un reflejo de su inseguridad y su inestabilidad; que, con la orientación apropiada, empezara por conocerse, por amarse a sí misma y por tomar conciencia de sus verdaderos sentimientos. Eso la ayudaría a modificar los términos en los que está establecida su relación o, si ésta ha llegado a un punto insalvable, terminarla y, en el momento en que sienta que está preparada, comenzar una nueva bajo condiciones más sanas."

—Muchas de las situaciones difíciles que enfrentamos se deben a la falta de amor. ¿Qué es, en sí, el amor y cómo reconocer que nos falta?

—Según lo entiendo, el amor es una decisión. Tú tienes que decidir a quién amar y cómo amar. Cuando se toma de esta manera, el amor es inteligente y tiende a no fluctuar tanto como las otras emociones que decimos sentir todos los días de nuestra vida.

"En general, las mujeres creen que el amor es una emoción, un sentimiento y, ya que los sentimientos y las emociones cambian de la noche a la mañana, sufren mucho más que los hombres en las áreas del romance y el sexo.

"En cambio, cuando te enamoras con el cerebro, esto es, cuando tomas la decisión de hacerlo, alcanzas un mayor control de lo que sucede a tu alrededor. Y, ya que tú decidiste enamorarte, te será más fácil decidir retirarle tu amor a quien con sus actos ha demostrado que no lo merece.

"Para la mujer es crucial aprender a controlar más sus emociones, a darle el amor a su hombre con un gotero y no con una cubeta. Pero no, acostumbra entregar mucho demasiado rápido y si al hombre no le cuesta trabajo obtener algo, se aburre. Entonces, ¿cuál es la solución?, que ella aprenda y luego le enseñe a valorar lo que le ofrece. Con seguridad, cuanto más difícil le resulte a él conseguir lo que desea, más lo apreciará y cuidará.

"Para seguir con la segunda parte de tu pregunta, la mujer sabe que necesita ser amada cuando falta orden en su vida. Al igual que todos los seres humanos, no nació para estar sola. El orden faltará en su vida particularmente cuando no ha aprendido de sus relaciones pasadas y continúa haciendo lo mismo pero esperando diferentes resultados. Como ya mencioné, ésa es la definición de una vida desordenada.

"Un proverbio chino dice que el único animal que comete el mismo error es el ser humano. Ésta es la triste realidad de muchas mujeres que van de una relación a otra e incurren en las mismas fallas sin aprender de éstas; así se sumen en un pantano de desamor, depresión y soledad. A una mujer de este tipo no sólo le falta amor, sino también respeto por sí misma y por su pareja, autoestima y todo lo referente a la atención y el cuidado de su propia persona."

—¿Es cierto el dicho aquel de que "la mujer necesita amor para abrirse al sexo, en tanto que el hombre necesita sexo para abrirse al amor"?

—Desafortunadamente, sí. La mujer da sexo para recibir amor y el hombre finge brindar amor para recibir sexo. Es una triste realidad que no debería ocurrir. La mujer no debería dar sexo en tanto no esté convencida, en la medida de lo posible, de que le van a entregar el tipo de amor de calidad que demande y merezca. Y es que no ha aprendido a demandar amor de calidad, se limita a pedir amor en cantidad. Por eso le presta mucha importancia a los detalles como las flores y los chocolates, aunque únicamente se los manden dos veces al año, en el día de la amistad y en su cumpleaños. No es que le reste importancia a esos detalles, la tienen hasta cierto punto, pero no tanta como demandarle al hombre fidelidad, respeto, amor y tiempo.

"La sociedad, la familia e incluso la Iglesia le han enseñado a la mujer a no exigir calidad en el amor. Se le adiestra a pedir lo mínimo en la relación con su pareja y cuando exige lo hace en áreas como el dinero y las cosas materiales que, aunque son necesarias, tienen menos sustancia emocional.

"Si hablamos de mantener una relación firme, con cimientos que perduren y aguanten cualquier embestida, la mujer deberá enfocarse en otras áreas. ¿Cuáles?, me preguntarás. Veamos. El hombre necesita ser moldeado por el carácter y la feminidad de la mujer. Él no sabe cómo satisfacerla porque piensa como hombre y no se ha tomado el tiempo de investigar lo que a ella le agrada, en particular en la intimidad sexual. Si la mujer lo enseña, habrá mayores posibilidades de que provea estabilidad a su pareja en todas las áreas.

"Mujer, no alimentes el mito de que debes darle sexo a un hombre para que te ame como tú quieres. El sexo debe ser la respuesta a una atracción que va mucho más allá de la atracción física. Si no es una expresión del amor que acepta, tolera, respeta y admira, se convertirá en un obstáculo para ese amor.

"Mujer, aprende a expresar lo que sientes sin aceptar ser manipulada por los deseos sexuales de un hombre. Si él siente ese tipo de deseo por ti, no lo tomes como algo malo, pero aprende a mantenerlo a distancia hasta que con sus actos te demuestre que es digno de recibir tu atención como mujer. No le abras toda la puerta, pero tampoco se la cierres. Hazle saber que, aunque te agrada, no estás preparada para involucrarte en una relación sexual hasta que te sientas más segura de su amistad y de sus valores morales y emocionales.

"En pocas palabras, mujer, ¡atrévete a ser diferente!"

Para reflexionar

Los valores que poseemos sólo por nuestra calidad de seres humanos deberían redituarnos ciertos privilegios, ¿no crees? Pero cuando no asimilamos esta verdad universal, la convivencia con nuestros semejantes pierde su armonía, se torna difícil.

María no demostró esta autovaloración que es tan necesaria en la vida y las consecuencias fueron terribles.

"Co" significa compartir, no depender en cuerpo y alma de nadie y es fundamental que esto nos quede muy claro.

Su infancia y la forma en que la educaron fueron clave para su manera de comportarse ahora, pero ¿acaso no pudo buscar ayuda en su momento para sanar de estas "enseñanzas"? Brincó de relación en relación y sólo obtuvo dolor. ¿O dirías mejor que iba de una indignidad a otra?

Parece que María se las tragaba y seguía con su misma visión del mundo y de sí misma.

¿Por qué no atreverse a ser una persona independiente? ¿Pensarías que María le teme a la libertad o pretende que la "salven" de ella? ¿Que hace todo lo posible para que otro tome las decisiones por ella?

La autoestima juega un papel esencial en la relación de pareja y Juancarlos nos dice que se adquiere por la educación que recibes de tus padres o por la que adquieres como adulta(o). La disciplina también es muy importante, pero llevada con dignidad.

¿Qué fue lo que le faltó a María?

¿Qué opinas sobre la idea de que la mujer no nació para estar sola? ¿Y de que tú debes decidir a quién amar y cómo amar?

¿Estás de acuerdo en que cuando te enamoras con el cerebro alcanzas un mayor control de tu vida y de lo que sucede a tu alrededor?

¿Cómo manejas tú la relación amor-sexo para no ser codependiente de tu pareja? ¿Dejas que él asuma todas las responsabilidades, incluso las tuyas?

Te lo dejamos de tarea...

4. Una vida diferente

Hola, soy Alejandra. Creo que me habría gustado que mi vida fuera como la de cualquier mujer, en la que los vestidos, los accesorios y el maquillaje juegan un papel fundamental. Pero no fue así; a mí no me llamaron la atención ni cuando era niña. Mi niñez estuvo carente de alegrías, pero llena de ausencias, tristezas, rechazo, regaños, sinsabores y lágrimas. La viví con la añoranza de escuchar un "Te quiero" de *él*, de mi padre.

Mis primeros recuerdos están muy grabados en mi mente: siempre al lado de mi madre; quería ir a dondequiera que ella fuera (a veces hasta al baño), era como una sombra detrás de sus faldas. Luchaba por no separarme nunca de ella... Ah, pero *él*, con un grito no sé si de odio, coraje o rencor hacia mí, le ordenaba que no me mimara, que no me tuviera eternamente junto a ella. ¿Estaría celoso? (Lo era, y mucho.) Ese hombre le exigía que se despegara de mí y mi pobre madre lo obedecía, aguantaba todo, gritos, golpes y denigraciones cotidianos. Pero ella, con su permanente actitud de mujer doblegada, nunca protestaba y se dejaba hacer cuanta cosa se le antojara al señor.

Por las tardes, cuando él se sentaba ante el televisor a ver el futbol, me mandaba a ayudar a mi madre a lavar los platos, planchar, coser, o cualquiera de las interminables tareas que realizaba. Pero eso me desagradaba, no sé si porque estaba muy chica o porque no me atraían las cosas propias de las mujeres. En efecto, cuando los Reyes Magos se acordaban de nosotros, yo les pedía que me trajeran cochecitos, soldaditos, así como la máscara y la capa de "El Santo", el gran luchador; en fin, puras cosas que sólo los niños piden.

Mi padre se molestaba conmigo porque me resistía a ayudar a mi madre; en realidad, yo prefería sentarme en el sillón a ver el futbol con él. Pero no me dejaba y me ordenaba ponerme a estudiar o hacer la tarea. ¿Qué hacía yo entonces? Iba a jugar con los juguetes de mi hermano, que era dos años mayor que yo; en fin, gozaba con todo lo que hace feliz a un varón.

Él se daba cuenta de mis actividades y gustos y me gritaba que debía estar en el lugar de las "viejas", es decir, en la cocina con mamá. Desde que lo recuerdo, lejos de odiar a mi padre, sentí miedo de sus gritos, regaños, reproches y golpes.

¿Por qué me golpeaba?, me pregunto. No lo sé bien a bien, mucho menos lo sabía entonces. Ahora intuyo que lo hacía porque era un machista o un misógino que siempre estaba molesto conmigo y con mi mamá. ¿O tal vez porque yo no era muy femenina que digamos y eso lo sacaba de balance?

Cuando tenía unos seis o siete años de edad, en una ocasión de ésas que no se olvidan nunca, regresaba de casa de mis abuelos tomada de la mano de mi mamá. De pronto sentí un golpe tan duro en los glúteos que hasta caí al suelo. Me sorprendió su violencia, ¿cuál sería el motivo? Pues era muy simple: yo traía un carrito en la mano y eso lo enfureció.

Me gritó:

—Ésos son juguetes para niños, no para niñas como tú, ¿entendiste?

Y mientras yo me reponía del golpe le reclamó con un tono horrible a mi mamá:

—¿Cómo es posible que le permitas jugar con eso y que la traigas vestida como "machito"? ¡Ella debe usar vestiditos y andar bien peinada!

—Es una niña y así le gusta que la vista; además, odia que la peine, ¿qué tiene eso de malo? —replicó ella.

Éste es sólo un ejemplo. Toda mi niñez la viví rodeada de reclamos por parte de él:

—¡Pórtate como niña, vístete como las demás, juega con muñecas, no con los juguetes de tu hermano! O qué, ¿no eres niña?

Llegué a odiarlo, a odiarlo mucho, y a odiar haber nacido mujer. No quería ser como mi mamá, abnegada y víctima de los abusos de un hombre.

En ese ambiente hostil crecí. En lugar de divertirme y jugar con mis primas y mis amigas, yo disfrutaba conviviendo con mi hermano y mis primos. Mientras ellas jugaban a ser "La Mujer Maravilla", yo jugaba a ser "Superman". Al ver las caricaturas, en lugar de identificarme con Sandy Bell o Candy Candy, estaba en mi elemento sintiéndome un superhéroe como "Batman" o "El Hombre Araña".

Me encantaba soñar con ser distinta, única. Por supuesto, no consideraba que fuera algo raro o negativo, como mi papá me recalcaba de manera insistente. Y es que, en realidad, lejos de soñar con ser hombre o un superhéroe, quería ser feliz, así que me refugiaba en mis sueños, en donde podía serlo. Eso sí, siempre los ocultaba; no quería que nadie se enterara de ellos, aunque no fueran malos, pero es que mi papá con su actitud me obligaba a no compartirlos con nadie.

A diferencia de lo que sentía hacia mi padre, a los niños nunca les tuve miedo; por el contrario, me gustaba pelearme y defender a mis compañeritas de la escuela. Pero, en vez de tener "grandes amigas", disfrutaba la compañía de mis "grandes amigos".

Sin embargo, al entrar a la secundaria, el miedo se apoderó de mí. Empecé a experimentar en forma cruda el rechazo, ya no de mi papá, sino de mis compañeras y compañeros que se burlaban de mí. Ellas me rechazaban porque no compartía las cosas de las que hablaban y con las que jugaban, y ellos me hacían a un lado por ser mujer; no me dejaban acercarme por ser "vieja".

Llegó a ser tanto mi miedo que no hablaba con nadie en el salón de clases; me concentraba en las labores escolares, sin amigos como en la primaria. En el recreo comía sola la torta que me preparaba mi mamá, sin poder compartirla con nadie.

Así pasaron dos años; en tercero de secundaria estaba por cumplir los quince. ¡Dios mío!, mis padres querían organizar mi fiesta, con chambelanes y un vestido de princesa, ¡qué tontería! De ninguna manera lo permitiría, iba por completo en contra de mi forma de ser, de pensar y de sentir. No me imaginaba vestida "así de ridícula" ¡y bailando con un primo vestido de cadete! ¡Nunca!

Mi actitud provocó una tremenda tragedia familiar. Mis padres se sintieron muy frustrados porque su única hija no quisiera una fiesta de quince años como todas las chicas de su edad.

Yo me sentí algo culpable porque después del lío que me obligaron a armar por lo de la fiesta mis papás se divorciaron. Sin embargo, en el fondo, a diferencia de otras adolescentes que sufrían mucho por esa causa, yo me sentía bien, feliz. Gozaba mi libertad, pues ya no estaría *él* para regañarme, para reprimirme, para no permitirme ver el futbol, las luchas y todos los programas que disfruta un hombre. Ahora el televisor era todo mío y podría ver cualquier programa.

Es triste, pero no recuerdo que mi padre me diera un abrazo, que me dijera "Te quiero". No, esos gestos no eran para mí, sólo para mi hermano, "su orgullo", su retrato, casi idéntico. Como era de esperarse, esto causó un efecto devastador en mi autoestima.

Lo malo fue que después de que mi papá nos dejó se quedó mi hermano con sus mismas ideas y hábitos.

Empezó a portarse agresivamente, a llamarme con apodos despectivos como "marimacha" o "machito". Era igual que él, pero al cuadrado. Me pegaba por todo y yo me defendía "como hombre". Una vez le rompí un diente y me sentí muy feliz; así dejó de molestarme un tiempo. Ahora que lo pienso bien, esa época debe de haber sido muy difícil para mi mamá, pues, además de soportar e intentar superar la pena de la separación, más que desempeñar el papel de madre, se veía obligada a hacerla de réferi.

En tercero de secundaria me iba mucho de pinta. En busca de tranquilidad caminaba por Chapultepec y a veces me la pasaba en la feria, sola como siempre. Subía a todos los juegos y observaba la ciudad desde arriba de la montaña rusa. ¡Qué placer! Pero eso terminó cuando le llamaron a mi mamá de la escuela para hablarle de mis faltas.

Ella se sorprendió, no tenía idea de mi comportamiento y ciertamente no sabía muchas cosas que pasaban en mi interior, los cambios que ocurrían en mi persona. Empezaba a sentirme atraída hacia otras mujeres, las que veía en la televisión, algunas de mis pocas amigas y hasta una que otra prima. Pero a nadie se lo decía, pensé que se trataba de algo de lo que nadie debía enterarse.

Me refugié en mis fantasías y secretos. ¿Qué pensaría mi familia de los pensamientos y deseos que bullían dentro de mí? Por esas fechas empecé a hacer amigos, en especial uno que se llamaba Jorge, casi de mi misma edad. Pese a ser hombre, éramos muy afines, me respetaba y la pasábamos muy bien. Pero, por desgracia, un día me confesó que estaba enamorado de mí. Sentí que se me vino el mundo encima. ¿Cómo, por qué? Mi mejor amigo, el único, el que me rescató de mi desesperación, me veía con otros ojos, buscaba relacionarse de otra manera. Puesto que obviamente yo no correspondía a sus sentimientos, mi amistad con él terminó. Le confesé que no me gustaban los hombres, sino las mujeres y, al escucharme, palideció, tomó aire y se quedó sin palabras. Con una extraña mueca en el rostro, salió de mi casa y de mi vida.

Estaba triste y sola una vez más. "¿Y ahora qué? ¿Qué sigue? ¡No es tan fácil para mí hacer amigas ni amigos!", pensaba.

Transcurridos casi dos años, fui con un grupo de la escuela al cine en una plaza comercial. De pronto se me acercó una jovencita que me preguntó mi nombre y entabló conversación conmigo. Yo sentía que mi corazón palpitaba a mil por hora y que acabaría por salírseme del pecho. Por su forma de abordarme —podría decirse que me estaba "ligando"—, obviamente se había dado cuenta de que yo era lesbiana. Me dio su número telefónico y antes de irse me dijo:

—¡Llámame!

Yo quedé atontada con tan bella niña; me encantó. Por supuesto, al llegar a casa le llamé; se portó muy cariñosa y me dijo cosas que nunca me habían dicho, mucho menos una mujer.

Empecé a frecuentarla. Íbamos al cine, a comer, a pasear, a donde fuera; cualquier lugar era maravilloso si estaba a su lado. En una ocasión me llevó a la casa donde vivía con sus padres, un lugar precioso. Nos sentamos en la sala, solas las dos; desde los ventanales veíamos toda la ciudad, aunque la ciudad no nos veía a nosotros.

Comenzó a abrazarme y a besarme. Nerviosa, me sentía como en una película, en las nubes. Pero cuando empezó a recorrer mi cuerpo y a tocarme con brusquedad, como un macho, ya no lo disfruté; por el contrario, sus dedos que penetraban mi cuerpo por todos lados me causaban dolor. Sin embargo, acostumbrada a callar, guardé silencio. Descubrí que así era mi personalidad ante las cosas del corazón, ante el amor de una mujer, porque apuesto a que si hubiera sido un hombre, ¡ya le habría dado una paliza!

Acabó por fin y bajamos a bañarnos. Después me fui a casa, para pasar una noche sin conciliar el sueño. Me sentía más sola que nunca, arrepentida, desilusionada, aunque todo me lo guardaba. De todas maneras la seguía viendo, le seguía llamando, hasta que un día, de buenas a primeras, me presentó a su "novio". "¿Qué? ¿Cómo puede ser? Si tú y yo..." Mas, como siempre, me tragué mis protestas.

Por dentro sentía unas ganas infinitas de gritarle a su novio que era a mí a quien quería, pero no era cierto, porque ella sólo me usó ¿para qué? No lo sé. Me hice un lavado de cerebro y la olvidé. Con la ayuda de mis amigos fue más fácil alejarme de mi primer amor.

Pese a no haber tenido el final feliz de los cuentos de hadas, esa experiencia despertó en mí la curiosidad por conocer a la mujer de mis sueños. Me dediqué a salir y a divertirme; por fin, pasados muchos años y vividas muchas aventuras, encontré a la que hoy es mi pareja.

Al principio me parecía un poco aburrida, pero conforme la fui conociendo más surgió mi amor por ella; era la primera persona sincera con quien me topaba, alguien que no sólo quería mi cuerpo o que yo le hiciera un favor; quería a Alejandra completa. Cuando llevábamos un año juntas era tanto el amor que decidí llevarla a casa para que conociera a mi mamá, quien de inmediato la aceptó y la quiso ¡como mi pareja!

Un día que no estaba mi madre en casa, llegó mi papá un poco pasado de copas. Mi pareja y yo estábamos en la sala jugando dominó con unos amigos y él se sentó a jugar con nosotros. Después de que se fueron mis amigos, mi novia fue al baño y mi padre aprovechó el momento para preguntarme a qué hora llegaba mi mamá y quién era esa amiguita mía ¡que estaba tan buena! No pude disimular mi ira y le grité:

—¡Con ella no te metas!

Él, sorprendido por mi reacción, respondió:

—¡Ah, ya veo de qué se trata, ahora se aclaran todas mis dudas!

—¡Pues ya que te queda todo claro, vete, si no tu esposa (porque se volvió a casar) te va a pegar! —contesté indignada.

Como a mi edad ya no podía regañarme, ya no digamos pegarme, al ver que mi mamá no llegaba se marchó. Pero al día siguiente no se hizo esperar su reclamo a mi madre.

—¿Quién es la lesbiana con la que estaba Alejandra? —le preguntó airadamente.

—Una amiga —respondió ella.

Sin embargo, mi papá será lo que quieran pero no es nada tonto y ya se las olía. Pasaron los meses y él insistía en averiguar qué era de mí. Una actitud muy rara en él; ¿de cuándo acá le interesaba? Le preguntaba a mi mamá de mis intimidades, de mis inclinaciones sexuales, que por supuesto ya sabía, pero nunca, ni siquiera hasta la fecha, ha querido aceptar.

Un viernes llegó borracho en exceso (sólo así se daba valor) y empezó a molestar como siempre con sus comentarios hirientes, y no sólo respecto de mí, sino también de mi pareja.

En ese momento no pude más y exploté:

—Salí del clóset —le dije—. Es mi pareja y la amo, ¿algún problema?

Se quedó callado, creo que pensaba en cuál sería su estocada siguiente y contestó algo que despejó la duda que siempre tuve de por qué me rechazaba desde niña.

—Por mí puedes hacer con tu c... un papalote. Es más, yo no quería que nacieras, cuando me enteré de que tu mamá estaba embarazada le ordené que abortara y mira ahora, por las tonterías de ella de no hacerme caso, aquí estás tú, lo que no quería. A lo mejor saliste así, marimacha, por lo que tu mamá se metió para no tenerte.

—Deja de decir estupideces —lo interrumpió ella.

Aunque no puedo negar que me dolieron sus hirientes palabras, intenté convencerme de que lo que ambos dijeran ahora me daba igual. Para mí no era sorpresa la explosión de rabia de mi padre; sabía que no me quería. Acerca de mi mamá, no me importaba que fuera verdad lo del aborto, finalmente no lo hizo y de ella no he recibido más que amor. Hasta la fecha vivo a su lado y a *él* dejé de hablarle un tiempo.

Luego de unos meses me ofreció disculpas y lo perdoné, aunque no de corazón. Es muy fácil romper el plato, echarme a correr, después regresar, pegarlo y como si fuera nuevo…

Por mi propio bien me he esforzado en no guardarle rencor; sin embargo, espero poder llegar algún día a perdonarlo de verdad. En mi historia tormentosa no hubo un marido que me engañara y golpeara, no, su parte triste es que el hombre que más necesité, y que tal vez aún necesito, el ausente, el que siempre anhelé tener, el que le envidiaba a mis primas, nunca estuvo conmigo, nunca me amó.

Yo deseaba que él estuviera orgulloso de mí por lo que soy, un ser humano que ha logrado sus metas, sus proyectos, que poco a poco ha hecho realidad sus sueños. Conozco lo que es el amor correspondido, pues ya llevo tres años con mi pareja; por ahora trabajo en un salón de belleza (algo increíble, porque yo no me maquillo ni me peino, no tengo necesidad, mi cabello es muy corto), pero sé que pronto se realizarán mis demás sueños profesionales.

Me da orgullo decir que, como *gay*, aun en contra de muchos, soy plenamente feliz.

Por último, hoy a mi papá, después de todo este recuento y de narrar lo que viví a su lado y lejos de él, sólo puedo decirle dos palabras: "Te quiero".

Un diálogo a manera de análisis

En esta sección analizaremos la problemática en la que viven cada una de las lesbianas y los homosexuales, sobre todo en su niñez y adolescencia cuando aún no saben explicarse por qué sienten lo que sienten.

—En primer lugar, Juancarlos, desde aquí mi agradecimiento a Alejandra por tener la valentía de compartir con nosotros su historia y servir de ejemplo a muchas otras jóvenes que seguramente han tenido experiencias similares.

—Sí, Aline, sacar a la luz las emociones más íntimas que nos embargan exige mucha fuerza y determinación. Las personas como Alejandra nos hacen ver que no hay nada mejor que asumir quiénes somos y disfrutar lo que somos.

—Pienso que leer su historia le ayudará a otras y otros jóvenes que, como ella, han sido maltratados, marginados y rechazados hasta por sus propias familias. Los *gays* son personas como nosotros, pero con distintas preferencias sexuales. Por cierto, algunos de mis mejores amigos lo son.

—Claro, una vez que deciden asumirse pueden contemplar todo con alegría y buena disposición.

—Juancarlos, desde tu punto de vista profesional, ¿crees que una persona nace *gay* o se hace *gay*?

—Hay dos tipos de homosexuales. En el caso de los varones, algunos nacen así debido a que tienen más del cromosoma X (el femenino); esto provoca que la hormona llamada estrógeno (la cual la mujer segrega con mayor abundancia) se desarrolle más en su cuerpo. Como resultado, al crecer el niño se inclina más hacia las cosas que atraen a las niñas —las muñecas, los niños— y comienza una vida homosexual (recuerda que homosexualidad significa atracción hacia el mismo género).

"El segundo tipo de homosexual es aquel que en su niñez o adolescencia fue víctima de abuso, violación o maltrato sexual. Una niña o un niño que fueron maltratados en este aspecto de manera constante, tienden a vivir varias etapas después del abuso, por ejemplo:

"1. Vergüenza y daño en su autoestima.
"2. Confusión y falta de seguridad acerca de cómo actuar.
"3. Placer después de varios encuentros sexuales con el abusador.

"Es justo este placer el que motiva a la niña o adolescente a buscar aquél que experimentó cuando se abusó de ella o él sexualmente. Así, comienza una vida de homosexualidad, no por factores presentes en su nacimiento, sino por abuso sexual."

—¿Qué puedes aconsejar a estas chicas y chicos que están desconcertados y, como se dice ahora, no encuentran la manera de salir del clóset?

—A quienes ya están definidos como homosexuales y no saben qué hacer para vivir como tales, les recomiendo que busquen ayuda profesional para avanzar poco a poco hasta lograr una vida plena. Si ellos ya dieron ese paso, entonces necesitan aprender técnicas para enseñar a sus seres queridos a aceptarlos como personas homosexuales y a apreciar sus cualidades como seres humanos. Esto es fundamental en los casos, cada vez más comunes, del hombre o la mujer que ya están casados y con hijos, y deciden dejar su vida heterosexual para empezar otra homosexual. La ayuda psicológica es muy recomendable.

—Al conversar contigo siempre aprendo cosas muy interesantes. Espero que con lo que me has dicho pueda brindarle alguna vez un buen consejo a un(a) amigo(a) *gay*. Ahora te pido que me aclares otras dudas, por ejemplo, ¿crees que una relación mujer con mujer u hombre con hombre funcione como cualquier otra?

—Sí, definitivamente; toda relación de pareja puede funcionar bien aun cuando sus miembros sean criticados por la sociedad debido a su personalidad sexual. Hay muchos casos de mujeres o de hombres que viven como pareja y han adoptado bebés.

—¿Piensas que eso sea bueno para un bebé?

—Bueno, estos bebés van a crecer en un medio lleno de afecto y llegarán a ser personas productivas para la sociedad.

—Estoy de acuerdo. Ahora, ¿qué les aconsejas a las personas homosexuales que lean este libro para que su vida sexual y emocional sea más plena y feliz?

—Si eres una persona homosexual y ya definiste tu personalidad de esa manera, siéntete orgullosa(o) de quien eres. No permitas que nadie te critique por las decisiones que has tomado; si vives feliz con ellas, camina con la cabeza en alto.

"Una recomendación esencial: sé responsable contigo misma(o) y protege tu vida en tus actividades sexuales; creo que no es necesario que te enumere los tremendos peligros que corres. Asegúrate de conocer a la persona con quien te involucras, de hablar con ella o él para despejar dudas y de averiguar cuál ha sido su conducta sexual. Sólo así evitarás contagiarte de enfermedades serias, entre ellas la plaga de nuestra era, el sida.

"Intenta ser un(a) ciudadano(a) productivo(a) en todo lo que hagas y un ejemplo para los que amas. Tu sexualidad no tiene nada que ver con tu calidad como persona.

"Vive intensamente y lucha por enviar siempre el mensaje de que, como persona homosexual, eres capaz de dar mucho amor y mucho respeto a tus semejantes. Confío en que lo lograrás."

—Gracias, Juancarlos, tus consejos serán muy valiosos para quienes se encuentren en una situación similar a la de Alejandra.

Para reflexionar

Desde pequeños, un buen número de seres humanos sienten que son distintos de los demás, pero no están conscientes de por qué y cómo se dan esas diferencias. Cuando niños, expresan sus intereses y emociones de manera genuina, pero cuando crecen el asunto adquiere un cariz más complejo.

¿Qué te hizo sentir la historia de Alejandra? Según ella, soñaba con ser distinta, única, pero al entrar a la secundaria, por razones obvias, se sintió rechazada tanto por sus compañeros varones como por las niñas.

¿Te imaginas el sentimiento de soledad tan terrible que la invadió a los trece o catorce años de edad?

¿Crees que algo así te marque para toda la vida?

Si tú fueras ella, ¿te habrías refugiado también en tus fantasías y secretos, temerosa de lo que tu familia pensaría de ti? ¿Te parece determinante la actitud del padre hacia ella? ¿Qué le habrá hecho falta a su debido tiempo: consejo, castigo o desaprobación? ¿O acaso con su modo de ser estaría buscando apoyo, afecto, aliento y confianza?

Estas interrogantes pueden definir tu posición ante una situación así, ya que, después de todo, no sabes si en este momento alguien muy querido o cercano a ti sufra ese conflicto.

¿Tienes un criterio definido respecto de las personas homosexuales o *gays*?

¿Estás de acuerdo en que en algún momento de su vida decidan "salir del clóset" y enfrentar los cánones establecidos?

Consideremos las órdenes que su padre le daba a Alejandra en su niñez: que planchara, lavara los platos o cosiera como su mamá. ¿Piensas que al hacerlo la niña se habría convertido en una especie de "duplicado" de su madre?

Se dice que es de humanos recapacitar y perdonar. ¿Consideras justo que el padre de Alejandra recapacitara y ella lo perdonara?

Si tú vives una circunstancia similar en lo personal, ¿cómo la has enfrentado? ¿Crees que, como cualquier otro ser humano, necesitas la libertad que te permita vivir como lo deseas?

5. Mamá soltera

Me llamo Mita, bueno, así me dicen de cariño desde niña. Aunque soy muy joven —acabo de cumplir diecinueve años—, no me siento como una chica de mi edad. ¿Por qué? Bueno, porque tengo una responsabilidad muy grande que se llama Nelly, una nena hermosa de tres añitos de edad. Sí, ¡soy madre soltera!, y no a demasiada honra, pues cuando todo inició me sentí avergonzada y fuera de lugar en muchas ocasiones.

Pero ahora Nelly es la luz en mi oscuridad; nunca pensé que aquello que me causaba tanto miedo se convertiría en mi fuerza, en mi motor para salir adelante.

Pertenezco a la clase media baja y soy hija única. Mi papá murió cuando yo tenía seis años, y como mi mamá trabajaba todo el día para sobrevivir y mantenernos, prácticamente me criaron mis abuelos.

Pese a mi corta edad cuando falleció, recuerdo muchos detalles de mi papá: sus juegos, sus bromas, su cariño y protección, sus regalos, en fin, ¡lo extrañé siempre, aún lo extraño!

Años después mi mamá empezó a salir con un hombre más joven que ella y la verdad yo nunca lo vi como un padre, porque, cómo decirlo, no lo consideraba así ni remotamente. De hecho, lo odiaba; no quería que nadie ocupara el lugar de papá. Pero, pese a mi rebeldía y mi coraje hacia ambos, terminaron casándose cuando yo tenía doce años.

En ese entonces estudiaba sexto grado de primaria y me encantaba bailar y cantar. Formé un grupo con unas amigas del salón y solíamos cantar en el recreo, montar coreografías con las canciones de moda, o jugar a imitar a los artistas del momento. En esos momentos me consideraba una niña feliz, aunque siempre me invadía la extraña sensación de que algo me faltaba. ¡Me sentía sola! ¿Puede una niña casi adolescente sentirse así? Por supuesto que sí, tanto que recuerdo que acostumbraba conversar conmigo misma e inventarme amistades imaginarias.

Dos buenas compañeras y amigas, Erika y Jacky, formaban parte de mi grupo artístico. Éramos el *show* de la escuela y, por qué no decirlo, ¡las más bonitas! Al menos en la fila del salón para entrar a clase nunca me clasificaron como fea, cuando las niñas de la fila de enfrente empezaban con su juego de "Bonita, fea, bonita, más o menos, fea, bonita", nunca me tocó un "fea".

Mi familia era muy tradicional, de las que los domingos van a comer pancita y quesadillas a la salida de la carretera. En esas ocasiones me divertía, jugaba con mis primos y la pasábamos muy bien. Pero después llegaba a casa y de nuevo caía presa del vacío y la soledad. ¡Odiaba sentirme así!

Mi mamá y yo nos distanciamos. La veía muy poco porque, pese a que su nuevo marido la ayudaba con los gastos, seguía trabajando todo el día.

Conforme crecía, me daba cuenta cada vez más de las cosas de los adultos, en especial con mi primo Miguel. Y es que siempre que iba a su casa y su mamá (mi tía) iba al mercado, él me ponía películas pornográficas y me besaba en la boca mientras se tocaba sus partes. También me sobaba los pechos, bueno, los poquitos que me estaban brotando, como dos volcancitos ¡que empezaban a querer hacer erupción!

No entendía nada, pero sentía rico cuando Miguel me tocaba. Él era cerca de tres años mayor que yo, debe de haber tenido quince o dieciséis años, y los chavos a esa edad ya son muy calientes…

No consideré siquiera hablarlo con mi mamá, pues, aparte de que se trataba de mi primo, lo cual me asustaba, ella nunca me había hablado de sexo ni nada por el estilo. Lo único que sabía al respecto era lo aprendido en la escuela.

En mi casa todo parecía transcurrir con normalidad, hasta que una noche sucedió algo que me desconcertó. Al irme a dormir, el esposo de mi mamá me acompañó a mi cuarto y me dijo en tono muy dulce:

—A ver, vamos a acostar a la niña.

Aunque su actitud me pareció cursi lo dejé, pero vaya susto que me causó cuando, ya acostada en la cama abajo de las cobijas, me dijo:

—Tamalito, te voy a hacer tamalito.

Eso significaba envolverme bien entre las cobijas. Lo que hizo después me incomodó sobremanera: pasó sus manos sobre mis pechos varias veces. Sentí coraje, rabia e incertidumbre.

¿Y si estaba mal yo? ¿Si le decía a mi mamá y eran puras alucinaciones mías? ¡Qué confusión!

Decidí dejar pasar el incidente y no darle importancia. Seguí estudiando y, sobre todo, cantando y bailando con mis amigas en cuanto festival se podía.

Un buen día nos mudamos a vivir a un lugar mejor. Me sentía mucho más contenta porque ahora vivía en una casa, no en un departamento como antes. Ah, pero lo mejor de todo eran los vecinos, en particular Lalo, ¡un güerito súper guapo! Ya había nacido en mí el interés por los chicos, los cuales me inquietaban muchísimo. Pero el tal Lalo acabó con el cuadro; recuerdo que, con los latidos de mi corazón a mil por hora, corría a la ventana para verlo llegar. Comenzaba a conocer el amor, aunque no estaba consciente de cuáles serían sus consecuencias y sus decepciones.

A los trece años, cuando ya había embarnecido y parecía más mujercita, sucedió algo terrible en mi vida que jamás olvidaré. Estaba en la cocina con Francisco, mi padrastro, cuando de pronto éste me dijo:

—Mita, ¡qué lástima que no estabas más grande cuando conocí a tu mamá porque mejor me hubiera casado contigo!...

Atónita, sentí que se me venía el mundo encima. Sin atinar a contestarle nada, me limité a salir de la cocina y me encerré a llorar en mi cuarto. Pero, pensando en cuánto le dolería a ella, una vez más no le dije nada a mi madre.

Las cosas entre nosotros cada vez estaban más tensas y mi mamá me regañaba por ser grosera con su esposo. ¡Si supiera! Yo empecé a bajar de promedio en la escuela y a no asistir a clases; en un mes tuve siete faltas. La mandaron llamar y me suspendieron una semana por empujar a un maestro que se me acercó mucho.

Tenía miedo, no sabía qué hacer y mi único consuelo fue Lalo. Me hice su amiga, pero pensaba que yo le gustaba también. Buscaba cualquier pretexto para estar con él; al verlo llegar, salía volando a la calle a pasear al perro sólo para acercarme, ¡qué loca!

Luego tenía que volver a casa para soportar de nuevo las insistentes insinuaciones y miradas descaradas de Francisco. A fin de cuentas, sólo era once años mayor que yo; ¿influiría eso en que me viera con otros ojos? No lo sabía, en mi interior todo era duda y confusión.

La celebración de mis catorce años se convirtió en una tragedia. Ese día vi llegar a Lalo a su casa acompañado de una chica. Me acerqué y le dije:

—Hola, Lalo. Hoy es mi cumpleaños, ¿quieres venir a mi casa?, hay fiesta.

Pero para mi infortunio él me contestó:

—Gracias, Mita, pero no puedo. Sólo vine a recoger unas cosas y tengo que llevar a mi novia a su casa.

Automáticamente la boca se me secó, las palabras no lograron salir de mi boca y me imagino que quedé lívida. Lo que sí sé es que di la media vuelta, salí como cohete hacia mi casa y me encerré a llorar en mi cuarto. Como es natural, viví mi fiesta como una auténtica pesadilla.

Siempre soñé con el amor, el amor bonito, limpio y puro, como algunos de telenovela, de película, de cuentos de hadas. Ahora, en pleno desarrollo me desilusionaba darme cuenta de que las cosas nunca son lo que parecen, que la fantasía sobra, es sólo un accesorio para hacer que las cosas no se vean tan mal.

Las cosas empeoraban en casa y una mala noticia acabó con mi escasa tranquilidad: a mi mamá le diagnosticaron cáncer. Una mezcla de sentimientos, entre los que predominaba el miedo, me atacó. Ardía en deseos de estar en su lugar y ser yo la que muriera pronto.

Lamentablemente, la enfermedad fue detectada cuando ya estaba muy avanzada. En mi casa prevalecía un ambiente de tristeza y soledad. Gracias a Dios, mi padrastro cesó sus insinuaciones hacia mí; claro, ¡era lo menos que podía hacer!

En esa etapa los festivales de la escuela pasaron a tercer plano, al igual que Lalo. Nada me consolaba. Me cuestionaba una y otra vez: "¿Por qué a mí, Diosito, por qué? ¿Qué voy a hacer ahora? Si mi mamá muere, ¿qué va a pasar conmigo?". Mil dudas me atormentaban y no conocía ni un momento de calma.

Mi mamá decidió hablar conmigo:

—Hija, te pido que seas fuerte, que no sientas miedo; mira, si muero pronto, tú debes salir adelante y luchar por tus sueños.

Yo no quise mortificarla, ya suficiente sufría con su enfermedad, pero, ¿cuáles sueños? El chico que me gustaba tenía novia y no me hacía el caso que yo hubiera querido; mi padrastro, que era la persona más cercana a mí después de ella, y a quien debía considerar mi familia, me acosaba sexualmente; sólo me quedaban un par de tíos y un primo, Miguel, el degenerado.

"¿Qué va a ser de mí?", me repetía una y mil veces.

Desde luego, mi mamá no sabía nada de Miguel, y mucho menos de lo que hacía mi padrastro; si se enterara se moriría más pronto.

"¡Qué horror! ¡Qué pesadilla! ¡Quisiera que todo fuera un sueño y pudiera despertar en un hogar normal con papá y mamá! ¡Quisiera poder disfrutar la escuela, los concursos de baile, que Lalo me pidiera que fuera su novia, no sé, simplemente lo normal!" Con esos pensamientos me acostaba y me despertaba.

Mamá murió seis meses después.

Después de esa pérdida de la que creo que nunca me repondré, muy a mi pesar Francisco se hizo cargo de mí y no tardó en volver a insinuárseme.

Por esas fechas Erika me presentó a Marco, un joven que me gustó; parecía educado, estudioso y estuvo conmigo en los momentos más difíciles de mi vida. Para resumir, me enamoré de él.

Marco tenía dieciocho años, era alto, de ojos verdes y cabello castaño. Pronto se convirtió en mi confidente, mi amigo, mi novio, a tal grado que como por arte de magia Lalo se me salió de la cabeza y del corazón.

Marco venía por las tardes a casa a ayudarme a hacer la tarea y ver televisión un rato. Un día, estando solos, empezó a besarme y a tocarme por todos lados. Me hizo temblar, reír, llorar, sudar... Intentó penetrarme pero no se pudo porque me dolió mucho. Éste fue mi primer acercamiento de ese tipo, claro, sin contar a mi primo Miguel, que no llegó a tanto.

Marco me decía que me amaba, que era la mujer más linda del planeta, que cuando creciéramos se casaría conmigo, todo lo que es de rigor en esos casos, aunque entonces yo no lo sabía.

En las semanas siguientes Marco y yo aprovechábamos cualquier momento en que Francisco no estuviera en casa para experimentar con nuestros cuerpos; entonces, un día espléndido, ¡hicimos el amor!

Todo marchaba de maravilla hasta que una noche Francisco llegó muy borracho ¡y con una mujer, mejor dicho, una mujerzuela! Sentí una rabia enorme; ¿cómo era posible que a seis meses de la muerte de mamá llevara una vieja a la casa donde vivía con ella? ¿Por qué no la llevó a un hotel? Pero, claro, era demasiado tacaño para gastar en eso.

Era un verdadero tormento oír sus gemidos y los de la tipa esa, a quien siguió llevando al que yo aún consideraba mi hogar. Por si eso fuera poco, una noche su maldad rebasó los límites: me obligó a verlo tener relaciones con ella, ¡maldito enfermo! Me amenazó con que si no lo hacía me mandaría a un orfanatorio, que al fin y al cabo era el lugar donde pertenecía, donde viven los niños sin padre.

Yo le grité:

—¡Pues prefiero estar ahí que vivir en este infierno!

Su respuesta fue una tremenda bofetada.

El día siguiente no asistí a la escuela y Marco, preocupado por no haberme visto ahí, fue a buscarme. Al preguntarme sobre la herida en mi labio no pude más y le conté lo sucedido. Se enfureció tanto que prometió que golpearía a Francisco hasta matarlo. Yo le pedí que no se expusiera, que mejor nos escapáramos juntos e hiciéramos nuestra propia vida. Creo que me excedí porque mis palabras lo asustaron y me contestó que ésa no era la solución. Más adelante, cuando las cosas se calmaron y volvieron a la normalidad —por decirlo así—, me dejó.

Lo triste de mi historia es que después de estos incidentes brinqué de cama en cama con cualquiera que se me parara enfrente. Mi razón para comportarme así era mi necesidad de amor y cariño, pero parecía que a cambio recibía todo lo contrario. En mi vida había más vacío y soledad que nunca, mis resultados en la escuela empeoraban cada día, y algunos comenzaron a llamarme "La putita". No imaginaban siquiera el terrible daño que me causaban.

Desesperada, sintiendo que me hundía en un oscuro pozo, buscaba amor hasta por debajo de las piedras. Me dio por rezarle a mi mamá y a mi papá para pedirles que por favor me apoyaran, que me guiaran. En ese momento de desánimo cualquier ayuda era buena para mí.

Si pensaba que ya sufría mucho, lo cierto es que aún estaba por llegar algo mucho peor. Agobiada por la situación, hice planes para escapar de la casa e ir a vivir con mi amiga Jacky y su mamá, que era soltera y aceptó la idea. Vivían ellas dos solas, así que me esperaba un nuevo hogar donde creí que por fin encontraría la paz y la estabilidad que tanto me hacían falta.

Esa noche empaqué en dos pequeñas maletas mis pertenencias más valiosas, algunas fotografías y mis discos favoritos, además de un dinerito que ahorré de mi semana de la escuela. Pero, al salir a buscar un taxi, Francisco me descubrió.

Para variar venía borracho, pero esta vez solo. Me preguntó sobre las maletas y sin atemorizarme le grité que me largaba de la casa, que ya no tendría que soportarme más ni yo a él. Se puso tan furioso que bajó del coche y arrastrándome de los cabellos me subió con todo y maletas.

Ya adentro me advirtió:

—No, niñita, tú no te vas de aquí porque yo te necesito; además, tu mamá me encargó que te cuidara muy bien, y eso voy a hacer.

Entonces se desató la pesadilla. El monstruo empezó a golpearme mientras me besaba y tocaba por todos lados. Me tiró sobre la cama de su habitación —sí, donde antes dormía con mi mamá y ahora con otras tipas— y me golpeó tan fuerte que caí de la cama y perdí el conocimiento.

La mañana siguiente desperté en mi recámara, adolorida y vestida con una pijama. Aturdida, no entendía qué sucedió. Sin embargo, cuando tomé conciencia de que Francisco seguramente había hecho algo terrible conmigo, deseé morir. Golpeada y lastimada, me desesperaba tanto no poder recordar lo sucedido la noche anterior que lloré y lloré horas enteras. Me aterrorizaba admitir un hecho más que obvio: mi padrastro me violó.

Después de cometer su fechoría, Francisco desapareció y no lo vi durante varios días. Yo seguí mi plan original de mudarme a casa de Jacky, donde me sentí muy bien. Ahí me cuidaron y me consolaron. La mamá de mi amiga quiso convencerme de denunciar a mi padrastro, pero la vergüenza y el pánico me lo impidieron. Además, ¿pueden creerlo? Me sentía culpable. Con el paso del tiempo me he percatado de que debí acudir a las autoridades, pero en ese momento sencillamente no pude hacerlo.

Por si lo que he narrado fuera poco, la mala racha parecía una bola de nieve que crecía cada día sin que lograra detenerla, y es que pocas semanas más tarde descubrí que estaba embarazada.

"¿Y ahora qué voy a hacer? —me pregunté angustiada—. ¿Por qué, Dios mío, por qué yo?"

Busqué a Francisco para informarle lo que ocurría. Pero no me creyó, se burló de mí y con toda desfachatez me respondió que ése era problema mío, que él no me ayudaría. Difícilmente podría hacerlo, pues, a raíz de que murió mamá, se volvió un alcohólico.

Por supuesto, mi primer pensamiento fue que no quería a ese bebé, me daba miedo. No obstante, a la vez sentía que algo crecía dentro de mí, que mis pechos aumentaban de tamaño, que mi cuerpo cambiaba. Además, no tenía dinero para hacerme un aborto, ni familia que me ayudara o aconsejara. Lourdes, la mamá de Jacky, ofreció apoyarme en lo que yo decidiera. En realidad, la única opción que me quedaba era tenerlo.

Pese a toda la amargura que lo generó, mi embarazo fue tranquilo, yo diría que hasta bonito, y llegada la hora del parto nació una hermosa niña a quien decidí llamar Nelly, como mi madre.

Mentiría si dijera que mi vida sigue siendo la misma, pues ahora ya tengo una familia propia. Y aunque en el amor todavía no encuentro a mi príncipe azul, ya me di cuenta de que antes de poder dar lo mejor de mí a mi hija y al hombre que Dios me haya destinado, necesito estar bien en el aspecto emocional.

Ahora mi principal preocupación es Nelly: ¿qué le voy a decir acerca de su padre cuando crezca?

Mi situación no es nada fácil y en las noches interminables de insomnio no puedo evitar cuestionarme una y otra vez: "¿Quién me va a querer con diecinueve años y una hija de un año?".

Sé que se avecinan momentos quizá más difíciles de los que he vivido —y sufrido—; por ello espero reunir la fuerza y la inteligencia requeridas para sacar adelante mi vida y la de mi niña. Si bien me aterra pensar en los hombres, en establecer una nueva relación, conservo la fe, que sé que mueve montañas.

He querido acudir a ustedes, Aline y Juancarlos, en busca de alivio a mi angustia. Ayúdenme, por favor. ¿Qué puedo hacer ahora para combatir mis miedos, para creer en los hombres y saber qué decirle a mi nena cuando crezca?

Un diálogo a manera de análisis

En esta sección analizaremos los sentimientos que se despiertan al ser víctimas de abuso, de un abuso que marca para siempre, como es el sexual. La violación constituye una de las peores agresiones que pueden cometerse con un ser humano, mujer u hombre, y que más huella deja en ella o él. Igualmente, veremos cómo una mala decisión al escoger pareja (por parte de la madre de Mita) provocó la desgracia de una adolescente. Juancarlos abordará la importancia de la comunicación y de la negociación, y hablará también de la manera en que una madre soltera debe afrontar el momento de hablarle a su hija o hijo sobre su padre y la verdad en torno de las circunstancias de su nacimiento.

—Juancarlos, me parece tremenda la experiencia de Mita, una chiquilla que ha sufrido tanto a tan corta edad. ¿Qué opinas?

—Es lamentable, Aline, pero en nuestra comunidad hispana abundan las muchachas como ella. Todas provienen de familias disfuncionales, las cuales, sin planearlo, se limitan a luchar por sobrevivir, pase lo que pase.

"Las muchachas como Mita se convierten en víctimas debido a la ignorancia y a esta falta de planificación en la familia. Las mujeres que sufren el abandono o la muerte del marido, o bien, que deciden abandonarlo por abuso físico y mental o por la falta de los elementos esenciales en una relación, suelen cuestionarse si es apropiado o no casarse por segunda vez. El dilema surge precisamente por los hijos. '¿Y si este hombre abusa de mis hijas? ¿Y si las maltrata cuando yo no esté? ¿Qué tal si no les da buena vida y buen ejemplo? ¿Debo intentar rehacer mi vida con este hombre que no es el padre de mis hijos? ¿O debo quedarme soltera hasta que crezcan y puedan valerse por sí mismos?' Éstas son algunas de las múltiples preguntas que provocan ansiedad a una madre soltera.

"Analicemos qué sucede si se inclina por la segunda opción, es decir, esperar hasta que sus hijos sean mayores de edad para iniciar otra relación. Si sus hijos ya tienen catorce o quince años, el problema no es tan serio porque sólo deberá esperar tres o cuatro años antes de buscar relacionarse con otro hombre. Sin embargo, si son menores, digamos de dos o cuatro años, las cosas cambian rotundamente. ¿Es justo para una mujer joven y atractiva verse obligada a esperar quince años o más para intentar ser feliz con otro hombre sólo porque teme que éste abuse de alguna manera de sus vástagos? En definitiva, no es justo para nadie esperar tanto."

—Sí, además, pienso que cuando una mujer se sacrifica tantos años termina por amargarse.

—En efecto. Y es que, como he dicho antes y aquí insisto, la mujer y el hombre no nacieron para estar solos, ni tampoco para ser maltratados y humillados por otras personas. Las mujeres que encaren este dilema necesitan encontrar una solución salomónica.

—¿En qué consiste esta solución?

—En los tiempos bíblicos se consideraba que Salomón era el hombre más sabio sobre la Tierra. Era hijo de

David, y como David era uno de los preferidos de Dios, Salomón, por ser su hijo, lo fue también. De acuerdo con la narración bíblica, Dios se le apareció a Salomón en un sueño y le ofreció cumplirle un deseo.

"—Pídeme lo que quieras —le dijo.

"Después de pensarlo un poco Salomón contestó:

"—Quiero sabiduría.

"Y, como resultado de no haber pedido dinero ni fama, se convirtió en el hombre más sabio del planeta.

"¿Por qué la alusión a este pasaje bíblico? Porque es fundamental que la mujer de hoy aprenda a ser sabia en sus decisiones. Desde luego, esto también se aplica al hombre, pero de momento nos concentramos en el caso de la mujer. Se requiere mucha sabiduría para elegir a una nueva pareja. No es fácil hacerlo, en particular si la decisión se toma con base en necesidades sexuales o emocionales. Eso no significa que éstas, y todo lo que tiene que ver con el placer de una nueva relación, no sean importantes; lo son, y mucho. Lo recomendable es que la mujer actual aprenda a diseñar su relación basándose en las cosas que duran para siempre y no en lo que tiende a deteriorarse.

—Este concepto de la sabiduría me parece sensacional; sabemos que debemos actuar con inteligencia, pero en lo que se refiere a los asuntos del corazón casi nunca lo conseguimos.

—Es cierto. En este caso, la mamá de Mita pecó de falta de sabiduría al escoger a Francisco como su nueva pareja. Desde luego, sus intenciones eran buenas e ingenuamente creyó que él no le fallaría. Pero volvemos a lo mismo, las relaciones nunca funcionan con nuestra intención sino con nuestro trabajo, con el empeño que les pongamos.

"Cuando dos personas desean establecer una relación es como si quisieran construir un edificio de veinte (o más) pisos. ¿Qué se requiere para esta construcción? Para empezar, un arquitecto, que es el que diseña, y un ingeniero, que es quien construye. Desde mi punto de vista, en una relación el arquitecto es la mujer y el ingeniero es el hombre. Ella sabe diseñar, adornar, es detallista y femenina, y su manera de ver la vida le permite agregarle las cosas bonitas a una relación o a una casa. Por otro lado, él sabe construir y proveer. ¿Podrían invertirse los factores, es decir, que el hombre fuera el arquitecto y la mujer el ingeniero? Desde luego, pero, a fin de cuentas, es necesario que cada uno regrese a donde se le necesita más, a donde puede aportar más.

"Si una relación es como un edificio y ya contamos con el arquitecto y con el ingeniero, ¿qué falta? Un edificio fuerte que soporte temblores y fenómenos de otro tipo necesita cimientos firmes y estables. En tu opinión, ¿cuáles serían esos cimientos, esos fundamentos de una relación?"

—No sé. Pueden ser muchos. ¿El amor tal vez?

—Igual que tú, muchos me contestarían que el amor, o tal vez el sexo o los hijos. Yo estoy convencido de que los cimientos de una relación deben ser la buena comunicación y la negociación. Los veinte pisos restantes se construirán con otros elementos también muy importantes: sexo, amor, paciencia, cariño, ternura, dinero y muchos más. Cuando los integrantes de una pareja aprenden a comunicarse de manera eficaz y completa y, por ende, comienzan a dominar el arte de la negociación, todo lo que se presente puede solucionarse. ¿Qué opinas, Aline?

—Estoy de acuerdo, por eso se dice que "más vale un mal arreglo que un buen pleito".

—Ésa es la idea. Ahora, déjame explicarte por qué pienso así. Desde que tuvieron conciencia y conocimiento de las cosas, el hombre y la mujer han proyectado y edificado su relación amorosa sobre cimientos de todas clases, excepto la comunicación. Por eso ahora, al llegar el momento de charlar y negociar con tu pareja, no sabes cómo hacerlo; nunca aprendiste a comunicar lo que quieres y necesitas, mucho menos a negociar la manera de lograrlo. ¿Qué haces cuando las cosas no salen como quieres? Te encierras en otra recámara o, en casos extremos, te vas de la casa, ya sea con tu mamá o a cualquier otra parte. Si supieras comunicar tus pensamientos en forma efectiva y negociar lo que deseas, nunca tendrías que salirte de tu propia casa.

"Imagina que vas a comprar algo que en verdad necesitas y deseas; si no te dan el precio que quieres o puedes pagar, ¿sales de ahí o negocias hasta que tú y el vendedor queden contentos? Creo que sabes la respuesta. Según los expertos en mercadotecnia y finanzas, un buen negociador se cerciora de que las dos partes que intervienen en el proceso de negociación queden satisfechas con el resultado del mismo."

—Me parece que son muy pocas las personas que en realidad se preocupan por hablar con su pareja y plantearle sus sentimientos y anhelos.

—Y eso es crucial para que una relación perdure. Ahora bien, si lo es en cualquiera de sus etapas, en la inicial lo es aún más. Antes de involucrar el contacto sexual y dar rienda suelta a las pasiones, es indispensable aprender a comunicar lo que quieres y necesitas. Si lo haces a la inversa, el resultado será el mismo que el obtenido en tus relaciones pasadas. ¿No crees que es tiempo de cambiar las reglas del amor?

"Si la mamá de Mita hubiera sabido todo esto antes de involucrarse con Francisco, su hija nunca habría sido maltratada ni agredida sexualmente por este individuo. Tampoco hubiera vivido una vida de promiscuidad y desorden ya que su madre le habría enseñado a ser una joven responsable en ese aspecto."

—¿Cómo puede Mita salir adelante?

—El espíritu de la mujer es indomable y siempre encontrará alguna manera de solucionar los problemas que la acosen. Esto lo hará llevada por su instinto de sobrevivencia o mediante la educación y el desarrollo. Si Mita no se educa y se prepara para vivir mejor, seguirá en la mediocridad, en un ambiente plagado de carencias que no le permitirá crecer y corregir sus defectos. Vale la pena insistir, la definición de la estupidez es hacer siempre lo mismo y esperar siempre cosas diferentes.

"Por otro lado, si Mita se propone relacionarse con personas de calidad que la ayuden a corregir sus errores, a crecer y madurar, si se educa —ya sea en la escuela o en forma autodidacta—, comprenderá que si las reglas del amor nunca se cambian —si ella no las cambia—, su vida nunca cambiará.

"Si desea triunfar necesitará conectarse con gente diferente que la ayude a ver y abordar las cosas de manera distinta. Deberá deshacerse de viejas amistades que no le han ayudado en nada y hacer otras que la critiquen constructivamente. Los amigos que te aprecian siempre te dirán la verdad y se interesarán en ayudarte a ser una mejor persona.

"Mita tendrá que crecer, para bien o para mal, aprender a diseñar su vida como mujer y darle una forma diferente de la que está acostumbrada a vivir.

"Deberá hacer un inventario de su vida por lo menos cada seis meses y eliminar o añadir hábitos o costumbres de acuerdo con lo que quiera realizar. Su futuro puede ser brillante y sólido, de ella dependerá. Trajo al mundo a una pequeña que será su razón de vivir y de luchar, a quien habrá de cuidar y brindarle la mejor educación y el mejor ejemplo. Si ella no hace cambios en su vida, su hija heredará todos sus errores y el ciclo continuará con sus propios hijos y sus nietos."

—¿Qué podemos contestarle a Mita acerca de cómo decirle la verdad a su hija cuando sea grande?

—Cuando la niña le pregunte sobre su papá y si ha llegado a una edad suficiente para comprender lo que pasó, Mita tendrá que decirle la verdad. Mientras tanto, una medida sabia de su parte es buscar ayuda en su iglesia o escuela o con algún varón de su familia que le dé a Nelly el modelo masculino que las niñas tanto necesitan.

"Es inevitable que Mita piense en casarse algún día y entonces reviva lo sucedido entre ella y su padrastro; tal vez llegue a la conclusión incluso de que la mejor decisión sería no hacerlo. Pero si crece como mujer y como persona recuperará la seguridad y la confianza en su criterio al escoger a una pareja para ella y un amigo para la niña.

"Reitero que Nelly requerirá contar con una figura masculina cerca de ella, pues de este vínculo dependerá el tipo de relaciones que establezca al involucrarse con otros hombres. Lo ideal sería que este ejemplo, este lazo tan importante, lo estableciera con su padre, pero como esto es imposible, a Mita le corresponde buscar hombres de calidad y elegir entre ellos al mejor para que sea su esposo y también el amigo de Nelly. No es fácil, pero sí esencial para el bienestar de ambas.

—Juancarlos, muchas gracias por tus sabios comentarios. Creo que si Mita —y cualquier otra mujer en sus circunstancias— los leen con atención y buena disposición, si siguen tus consejos y sugerencias, lograrán motivarse y salir adelante; pero, sobre todo, sabrán evitar que sus hijos sufran lo que ellas padecieron.

Para reflexionar

La necesidad de amor y cariño puede ser un detonante que convierta nuestra vida en una verdadera desgracia, como le sucedió a Mita, que llegó a convertirse en una madre soltera. Ella pagó con lágrimas amargas el error de su madre al elegir una nueva pareja después de que enviudó.

¿Qué te parece la metáfora que usó Juancarlos al hablar de que cuando establecemos una relación es como si construyéramos un edificio de veinte pisos o más? Sin duda, en el proceso se involucran los elementos necesarios para que la obra salga bien.

Menciona también la buena comunicación y la negociación como los cimientos de la misma. Tú, ¿qué porcentaje le darías a cada una? ¿Estás de acuerdo con los otros elementos que nombra? Si crees que faltan algunos, ¿cuáles serían?

Mita vivió con una presión interior terrible. Demasiado pronto supo lo que eran los juegos sexuales mal intencionados y, lo peor de todo, por parte de hombres de su propia familia. Después, la vida no le dio oportunidad de controlar sus impulsos y saber esperar al hombre adecuado.

Careció de una guía después de la muerte de su madre y fue utilizada por distintos hombres sin escrúpulos. ¿Crees tú que se aplica aquí la máxima aquella de que "los individuos disciplinados logran mejores resultados en todos los ámbitos"? Y a ella, ¿quién la disciplinó?

¿Piensas que le faltó habilidad para plantearse metas en la vida y persistir hasta alcanzarlas? ¿O simplemente no buscó sus oportunidades? Cuando pequeña no alcanzaba a comprender la relación malsana de su primo Miguel al acariciarla, pero, ¿qué pasó cuando creció?

¿Será que su generosidad de espíritu, sus sueños acerca del amor, el amor bonito y limpio, no la dejaron ver la aniquilante realidad que es la vida?
¿Qué hubieras hecho tú en su lugar?
Por suerte, Mita tiene a Nelly, ¿no crees?

6. El brujo don Melchor

—¡Buenas tardes! Pase por aquí —la señora que me recibió, de unos cuarenta y cinco años de edad, llevaba un vestido largo de varios colores y diseños, lo cual le daba cierta apariencia enigmática y misteriosa—. Tome asiento, si me hace el favor. ¿Le ofrezco algo de tomar, agua o un refresco?

—No, gracias.

Su excesiva amabilidad me hizo sentirme algo incómodo. La mujer se esforzaba tanto que su actitud me parecía hasta cierto punto fingida.

El salón a donde me llevó rebosaba de velas encendidas, particularmente en las esquinas, así como de imágenes en cuadros y en forma de estatuillas. Las cortinas eran de varios colores, entre los que destacaban el rojo y el verde, una combinación muy rara, aun para mí que de decoración no sé nada.

Me senté junto a una señora de expresión triste y preocupada.

—¡Buenos días! —la saludé con cortesía—. Este señor parece ser muy bueno para curar, ¿verdad?

Me interesaba conocer su opinión sobre el personaje a quien ambos —por razones muy distintas— acudíamos a consultar.

Ella tan sólo levantó la cara, me regaló una media sonrisa y siguió sumergida en sus pensamientos.

"Ni hablar —me dije—, no tiene ganas de platicar."

Intrigado por lo que se suponía que este hombre hacía con sus "talentos espirituales", continué mirando a mi alrededor.

Me comentaron que don Melchor tenía dones espirituales, que leía las manos y las cartas y lo hacía con gran eficacia.

"Veamos qué pasa cuando llegue mi turno", pensé.

—Disculpe, señor...

—Sí, dígame.

—¿Usted no sabe si don Melchor acepta otro tipo de pagos?

Qué pregunta tan rara, particularmente viniendo de la misma mujer que momentos antes se había negado a contestar mi saludo.

—¿Otro tipo de pagos? ¿A qué se refiere?

—Bueno, es que por ahora no me es posible pagar lo que me pidió por curarme y, pues, a lo mejor podría aceptarme otro tipo de pago.

—Para serle franco, no lo sé, ya que es la primera vez que lo visito. Pero, dígame, ¿qué tipo de enfermedad padece usted?

—Tengo una maldición en mi vida...

—¿Una maldición? No entiendo.

—En la última visita que le hice a don Melchor me dijo que era víctima de una maldición o embrujo, como quiera llamarle, y que a menos que me sometiera a un tratamiento urgente podría morir. Y la verdad... ¡yo no quiero morirme!

Al ver las lágrimas en las mejillas de la mujer me sentí conmovido y sorprendido de que hubiera creído de manera tan rotunda en lo que le dijera el tal don Melchor sobre la brujería.

—Dígame, señora, y según don Melchor, ¿qué debe hacer usted para que el embrujo se salga?

—Me dijo que necesito una limpia profunda con diferentes yerbas, pero, sobre todo, quitar el maleficio de mi vida de una manera muy especial.

—¿De una manera especial?

—Sí.

—¿Y cuál es?

—La verdad no sé, sólo me indicó que trajera diez mil dólares como pago inicial y que él comenzaría con el tratamiento.

—¿Diez mil dólares? ¿Usted trae ahora diez mil dólares para dárselos a don Melchor?

—Sí. Pero me temo que me va a cobrar más y la verdad ya no tengo dinero para darle. Vendí lo único de valor que tenía, mi automóvil, y no sé cómo voy a pagarle si me pide más dinero.

Quedé boquiabierto después de escuchar a la señora. ¡Cómo abundan la ignorancia y la ingenuidad, y cuántos sinvergüenzas e infames se aprovechan de ello para estafar a la gente! Mientras escuchaba los sollozos de la mujer, yo, impotente, luchaba por entender por qué alguien puede llegar a pagar tanto dinero por creer en mentiras y falsedades.

Lo único que me restaba era esperar mi turno hasta que el brujo aquel me atendiera. Entonces podría realizar mi trabajo de investigación y corroborar todo lo que escuchara de la señora sentada a mi lado, así como de otras personas.

—Señor Juancarlos, pase, por favor.

Después de esperar más de dos horas en la sala mal iluminada y mal decorada, por fin llegó mi turno.

—Siéntese, enseguida le atiende el maestro.

"¿El maestro? ¿De qué? Será del robo y el fraude", me dije.

El segundo cuarto estaba peor decorado que el primero: cortinas negras por doquier y velas, muchas velas. Con el dinero que el tipo cobraba me imagino que podría arreglar mejor la casa que más bien parecía un velatorio tétrico.

Sentí escalofríos por todo el cuerpo, una sensación desagradable. Estaba seguro de que hacer esperar a las personas era parte del plan para debilitarlas psicológicamente y darle cierto aire de importancia a don Melchor.

Ya en la sala donde me atendería todavía tuve que esperar otra media hora. Sentía ganas de salir corriendo pero no sin antes decirle dos que tres verdades al personajillo. Saqué paciencia no sé de dónde y, como los buenos investigadores, esperé... y esperé...

—¡Don Juancarlo, gusto de conocerle! —frente a mí apareció el famoso don Melchor.

Imitando muy mal el acento jamaiquino, se comía las eses al final de cada palabra. Vestía un colorido atuendo que le cubría del cuello a los pies con bordados al estilo egipcio que buscaban revestirlo de grandeza y control.

Empezaba a comprender cómo este tipo podía manipular a las personas que acudían a él en busca de sus servicios. Las impresionaba con su estilo de hablar y con los ropajes que le hacían sentirse un cardenal del Vaticano.

Con la piel bien cuidada y los dientes blancos, lucía una barba blanca muy larga que le llegaba casi al vientre y una personalidad que, para ser sincero, sí impresionaba. En sus cincuentas, el hombre podía manipular con facilidad a cualquier mujer confiada y con necesidades emocionales, sentimentales o de otra índole. Porque, según descubrí después, la mayoría de las personas que solicitaban sus servicios eran mujeres de más de treinta años, en su segundo o tercer matrimonio, con problemas maritales de todos colores y sabores, o solas.

—Don Melchor... gusto de conocerle.

Extendí la mano y me esforcé por parecer amable y agradecido de que Su Excelencia se hubiera dignado recibirme.

—Déjeme mirarlo bien, don Juancarlo...

Caminando a mi alrededor con pasos pequeños, me observó con intensidad como si quisiera penetrar en lo más profundo de mi ser.

—Usted necesita ayuda inmediatamente. Su vida está en peligro, don Juancarlo. Yo le puedo ayudar para que sus planes, sus metas y su vida completa vuelvan a ser como usted los quiere.

Si bien sabía que el hombre lanzaba su verborrea con el propósito de lavarme el cerebro, la manera como lo hacía sonaba tan convincente que, si no tuviera seguridad en mí mismo, podría muy bien caer en sus trampas y mentiras.

—Sí, usted sí que necesita mi ayuda con urgencia, don Juancarlo. Yo poseo los conocimientos y la habilidad para quitarle la maldad que le han puesto.

—¿De qué tipo de maldad habla? —pregunté.

—No le puedo dar más información hasta que autorice mis servicios.

—Y eso, ¿qué significa exactamente?

—Siento que parte de la maldad que usted trae en su vida se debe a ciertos regalos que le han hecho, cosillas que le han obsequiado.

—¿Cómo qué?

—Pueden ser propiedades, automóviles o el dinero mismo.

—Bueno, no me han regalado ni una casa ni un auto pero sí tengo unas casas y dos autos.

Confieso que mentí para parecerle más interesante al estafador. Noté que sus ojitos brillaban.

—¿Le han regalado algún dinero últimamente?

—No. El dinero que tengo me lo gano con el sudor de mi frente.

—Y, ¿a qué se dedica, don Juancarlo?

Me sentí obligado a mentir y le dije que era un acaudalado comerciante.

—Bueno, la maldad que siento en usted viene de cosas que le han regalado, aunque no necesariamente significa que haya sido en fechas recientes. Por ejemplo, antes de recibir el dinero que gana, pudo estar en manos de alguien que tenía una maldición y al llegar a las suyas ésta se le pasó a usted también.

No podía creer lo que oía; qué poca vergüenza la del individuo al afirmar que mi dinero podía estar contaminado con una maldición.

Don Melchor me vio vestido de cierta manera y de inmediato pensó en engañarme para sacarme dinero.

"¿Hasta qué extremo será capaz de mentir este sinvergüenza?", me pregunté.

—Don Melchor, ¿me está diciendo que el dinero de mi cuenta bancaria podría ser la causa de la brujería que ha caído sobre mi persona?

—¡Claro, don Juancarlo! Y no sólo eso, también sus casas y sus autos.

—¿Y qué debo hacer?

—Yo recomiendo que para empezar le hagamos un examen espiritual y físico; ya después hablaremos de cómo deshacerse de lo que le causa daño.

—¿Se refiere a mi casa y a mis coches?

—Sí, hay que sacar de su vida todo lo que le provoca aflicción.

—¿Y qué, los vendo?

—No necesariamente; yo tengo el don de Dios de bendecir las propiedades de tal manera que queden limpias por completo de cualquier brujería. Eso incluye el dinero.

—¿Usted limpia el dinero?

—Así es, don Juancarlo; usted me lo trae y yo le quito cualquier tipo de podredumbre para que no siga generando maldad para usted y su familia.

—Y ¿cuánto cobra por sus servicios, don Melchor?

—Por ahora déjeme un pago inicial de veinte mil dólares y más adelante nos arreglamos con el resto.

Permítanme aquí hacer una pausa para explicar qué me llevó a visitar a tan tremendo charlatán.

La verdad, yo nunca he creído gran cosa en el esoterismo ni en la lectura de las cartas para saber el futuro. Lo que me motivó a visitar al tal don Melchor fue la conversación que sostuve con una paciente unas semanas antes.

—Mucho gusto de saludarle, Dolores, ¿cómo va todo?

—Más o menos, intentando lidiar con los problemas de la vida.

De unos cuarenta años, Dolores poseía cierto atractivo y adolecía de muchos conflictos emocionales. Podría decirse que era el estereotipo de la mujer dócil y sumisa. Su esposo, comerciante con buen olfato para los negocios, había fallecido años atrás, dejándola en una posición económica más o menos desahogada. Sin embargo, puesto que nunca aprendió a solucionar eficazmente sus dificultades como madre y como mujer, se presentó en mi consultorio en busca de orientación.

Para agravar las cosas, Ernesto, el mayor de sus cuatro hijos, se involucró en problemas de drogas e hizo la vida de Dolores más pesada y difícil de sobrellevar. El muchacho le sacaba mucho dinero a su mamá, le mentía y la usaba en todas las maneras concebibles. Dolores, de origen campesino y sin educación formal, era muy fácil de timar y su hijo la convencía de todo.

En una ocasión, me llamó a mi teléfono celular rogándome que la acompañara a sacar de la cárcel a Ernesto, quien, según ella, quiso ayudar a un amigo a pagar cierta cantidad de dinero que debía y por un malentendido lo arrestaron.

En realidad, al joven lo sorprendieron comprando drogas. Sin embargo, su madre se negaba a aceptarlo, ya que estaba segura de que era un muchacho de buen corazón y por eso se metía en situaciones difíciles.

Dolores dejó de asistir a terapia conmigo unos meses y esa mañana su visita no concernía a ninguno de sus hijos.

—¡Qué milagro que se deja ver! ¿En qué puedo servirle, Dolores?

—Doctor, estoy muy preocupada.

—¿Qué le pasa?

—Perdí veinticinco mil dólares y ahora no sé cómo recuperarlos.

—¿Dónde los perdió?

—Bueno, la verdad es que no los perdí, se los di a un señor dizque para que me quitara una brujería.

—¿Una brujería? No sabía que estuviera embrujada.

—Pues eso me dijo don Melchor.

—¿Y quién es don Melchor?

—Un experto en curar todo tipo de males. Como me sentía triste y deprimida por todos los problemas que tengo con la familia, fui a verlo.

—¿Y le pagó veinticinco mil dólares para que le quitara la brujería?

—Sí, doctor.

—No sabía que creía en esas cosas.

—Hablando con franqueza, doctor, lo que más me apena es lo sucedido en el consultorio de don Melchor.

—¿Qué pasó?

—Ya conoce los tiempos difíciles que he vivido desde la muerte de mi esposo y, para colmo, los líos con los muchachos. Entonces, una amiga me habló de un brujo llamado don Melchor que la ayudó en una ocasión. Decidí visitarlo para ver si me ayudaba con la depresión que me ha invadido y si de paso me daba algún consejo con respecto a los muchachos; usted ya sabe cómo son.

—Sí, ya sé que sus hijos le sacan canas verdes. Siga contándome.

—Me atendió en su consultorio y me informó que pesaba sobre mí un hechizo muy malo encargado por una enemiga que quiere hacerme daño.

—¿Y quién es esta supuesta enemiga?

—No lo sé. Sólo me indicó que era urgente que me practicara una limpia y me leyera la palma de la mano, entre otras cosas, para conocer mejor la causa de este mal. Le confieso, doctor, que le creí porque estaba desesperada y no sabía qué hacer para solucionar tantos problemas.

—¿Qué pasó después?

—Sacó de un armario unas yerbas y me hizo una limpia con ellas mientras recitaba algo así como un conjuro. Antes me pidió que me quitara la ropa, lo cual me pareció raro.

—¿Le pidió que se quitara la ropa?

—Sí, yo me puse nerviosa, pero don Melchor me habló de tal manera que me tranquilizó y me convenció de que era necesario para curarme. Así que, de pie en el centro de la habitación, me quité la ropa y él comenzó a bailar, a gritar y hacer todo tipo de ruidos para que se "salieran los malos espíritus".

—¿Cuánto tiempo estuvo desnuda ante ese tipo?

—Como media hora, pero lo que me apenó es que al pasar las ramas por mi cuerpo sus manos rozaban ciertas partes, al principio con disimulo, pero poco a poco en forma más obvia.

—¿Y no le dijo nada?

—No, me dio vergüenza.

—Dolores, usted es una señora inteligente; no me diga que no sintió que el comportamiento de este hombre era completamente inapropiado e inmoral.

—Sí, y me sentí incómoda, pero don Melchor me aseguró que todo lo que hacía era indispensable para mi curación. Estaba tan necesitada de ayuda que le creí que sólo él podía ayudarme.

—¿Qué más ocurrió?

—Después de que me hizo la limpia con las yerbas y me dio un baño en un líquido rojizo...

—¿Cómo que le dio un baño?

—Sí, me metió a una tina donde comenzaría el proceso de "purificación". El muy descarado me bañó. Le pregunté si podía hacerlo yo sola, pero me explicó que él tenía el don para hacerlo mejor y que sus manos sanadoras lograrían que saliera todo el mal de mi cuerpo.

—¿Así que este tipo la manoseó por todos lados y usted tranquila como si nada?

—Es que nunca lo vi con morbo, se lo juro.

—Dígame algo, Dolores, ¿le gustó que don Melchor le acariciara todo el cuerpo?

—Ay, doctor, no me pregunte eso...

—Dígame la verdad.

—Pues... un poquito, dejaría de ser mujer; pero siempre lo vi como algo que él tenía que hacer para que me curara.

—¿No le extrañó que le pidiera que hiciera todas esas cosas raras?

—Yo simplemente le creí todo lo que me aseguró y acepté sus sugerencias.

—Dígame, ¿no se sentía avergonzada?

—Sí, pero poco a poco me fui haciendo a la idea de que todo era para mi bien.

—O sea, ¿se sentía convencida de que estaba embrujada y necesitaba los servicios de don Melchor?

—Sí...

—¿Y cuánto le cobró el susodicho por la limpia que le dio estando usted desnuda y por bañarla en esos menjurjes raros?

—Me indicó que para empezar debía darle veinticinco mil dólares y que cuando terminara el tratamiento me informaría cuánto más debería pagarle.

—¿No le bastó robarle veinticinco mil dólares sino que piensa cobrarle aún más?

—Doctor, hay algo que no le he dicho y que ahora que lo analizo veo que fui una tonta.

—¿De qué se trata?

—Bueno, después de hacerme la limpia por todo el cuerpo con esas ramas que despedían aromas raros, de bañarme y frotarme, procedió a leerme la palma de la mano. Según él, ésta contiene información esencial para sacarme el maleficio que presuntamente pesa sobre mí. No obstante, después de leerla me dijo que no pudo obtener la información que esperaba y me señaló que leería el asiento de una taza de café que su asistente me llevó. La tomé y él leyó los residuos.

"—No encuentro nada que me ayude a comprender su problema, doña Dolores" —me comunicó. Aquí viene lo que me dio mucha vergüenza, pero que me vi obligada a hacer.

—¿Qué hizo?

—No sé cómo contárselo, doctor, pero debo sincerarme con usted. En cuanto terminó de leer el café, don Melchor se paseó por la habitación durante varios minutos con expresión pensativa.

"—No localizo lo que necesito para aniquilar lo que está destruyendo su vida, doña Dolores —expresó con serenidad—. No me queda más alternativa que acudir al último recurso en este tipo de casos.

"—¿A qué se refiere, don Melchor? —le pregunté.

"—Doña Dolores, lo que le pediré posiblemente le parezca extraño o inadecuado, pero, aunque se sienta apenada o avergonzada, confíe en que es por su bien; es más, su vida depende de esto.

"—Me asusta, don Melchor, ¿a qué se refiere? ¿Qué me va a hacer?

"—Doña Dolores, hay ciertas partes del cuerpo que emanan mucha energía positiva la cual puede usarse para contrarrestar cualquier tipo de mal en su vida. Hay una en especial de donde sale la mayor cantidad y yo necesito ayudarle a sacarla por medio del estímulo. Primero le leeré esa parte del cuerpo y luego la estimularé para que saque toda la energía posible.

"—¿A qué parte del cuerpo se refiere?

"—¿Sabe cuál es el lugar por donde viene la vida?

"—¿Por donde viene la vida? ¿Se refiere al corazón, don Melchor?

"—No, para nada. Me refiero a otra parte de su cuerpo un poco más íntima por donde salen los bebés.

"—Bueno, los bebés salen por la vagina... y...

"—Efectivamente, doña Dolores. Por ahí se escapa mucha energía y yo necesito buscar la manera de sacar la mayor cantidad de ella con el fin de deshacerla de su maleficio.

"—No entiendo a qué se refiere, don Melchor.

"—Es muy sencillo. Estimularé la energía de su vagina utilizando los poderes que Dios me ha dado para salvarle la vida. En otras palabras, voy a leer su vagina."

Toda la historia que me contó Dolores pasó por mi mente mientras escuchaba la voz de don Melchor diciéndome que le dejara veinte mil dólares como pago inicial.

—¿Veinte mil dólares? —le pregunté.

—Así es, don Juancarlo, con eso podemos iniciar de inmediato la curación de su enfermedad.

—Ah, caray. Mire, don Melchor, nunca pensé que sus honorarios serían tan altos y no traigo esa cantidad.

—Es que es mucha la maldad que he visto que lo aqueja y debo esforzarme mucho para erradicarla.

—Bueno, mañana regresaré con el dinero.

—Muy bien, don Juancarlo, aquí lo espero.

Al salir de la oficina de don Melchor me dirigí a las autoridades correspondientes para levantar una demanda por abuso de confianza y robo. Sin embargo, nada se pudo comprobar y se limitaron a informarme que mientras no hubiera testigos la acusación se consideraba sin fundamento.

Me parece increíble que existan estafadores como don Melchor que se dediquen a robar a las personas que tienen necesidades verdaderas. Y aún más increíble resulta que ellas se dejen timar y engañar por estos llamados curanderos.

A don Melchor las autoridades no pueden hacerle nada hasta que sus víctimas lo denuncien por abuso sexual y robo. Sin embargo, no se atreven a dar ese paso por temor y vergüenza. Mientras tanto, él y tipejos de su calaña seguirán haciendo de las suyas con las mujeres ingenuas que, en su afán de mejorar su vida, se dejan llevar por sus mentiras.

Un diálogo a manera de análisis

En esta sección hablaremos de la soledad y las necesidades de apoyo y afecto que hacen a las personas, sobre todo las mujeres, presas fáciles de seres sin entrañas que se dedican a estafar y a aprovecharse de la candidez de otros.

—Este caso me conmovió, Juancarlos, porque las mujeres como Dolores sufren mucho por confiar demasiado en personas que les causan una fuerte impresión y las convencen de que las ayudarán a resolver dificultades que las abruman.

—Así es, Aline, la necesidad emocional de las personas es grande y palpable. Por desgracia, cuando deciden acudir a alguien en busca de ayuda para solucionar sus problemas, no tienen la precaución de investigar y asegurarse de acudir con profesionales honestos. Entonces, muchas veces encuentran individuos farsantes y mal intencionados que no se tientan el corazón para defraudarlas con alevosía y ventaja. Este abuso debe detenerse.

—¿Y cómo lograrlo?

—Las que se topen con timadores de este tipo deben dejar de lado toda falsa vergüenza y denunciar los robos. Sólo así la policía podrá detener por completo a los culpables. De igual manera, hay que proporcionar información para provocar que las personas tomen conciencia del peligro que implica acudir a estos yerberos, brujos o como se llamen; hacerles saber que cuando encaren problemas familiares o de salud deben consultar a profesionales de la salud médica y profesionales de la salud mental, y enseñarles a exigir credenciales que acrediten a los que se dicen expertos en su ramo.

—Es increíble que en general no nos comportemos con cautela, ni siquiera en lo que se refiere a un asunto de tan enorme relevancia como es la salud.

—Lamentablemente, ahora cualquier persona puede hacerse llamar "doctor" con sólo cursar un seminario de tres días. Mucha gente se prepara para convertirse en ladrones y timadores profesionales por medio de estas clases no reconocidas por ninguna institución.

—Juancarlos, ¿cuál es tu recomendación para evitar una situación como la de Dolores?

—Mi mensaje es: aprende a buscar la mejor ayuda posible para solucionar tus problemas. Tú eres una persona especial y como tal mereces el mejor servicio, pero éste no llegará a ti a menos que lo busques. Si requieres algún tipo de ayuda, investiga el trasfondo educativo y profesional de la persona a quien piensas acudir. No creas todo lo que te digan o sugieran hasta que te expliquen el porqué y la explicación te resulte satisfactoria. Cuida tu salud y protege tu vida.

—Gracias, Juancarlos. Las mujeres siempre hemos tenido mucha necesidad de "creer" en algo o en alguien. Aunque a mí me llaman la atención la herbolaria y la brujería, no me dejo influir por ellas.

"Mi mensaje para nuestras lectoras y lectores es que la respuesta está en nuestro interior y hay que aprender a escuchar al corazón.

"Y si de plano no sabemos cómo, es necesario solicitar ayuda profesional y pedirle a Dios que nos aconseje, que nos envíe una señal. Verás que Él te la dará ¡cuando menos lo imagines!"

Para reflexionar

Dolores nos cuenta su caso y no podemos menos que relacionarlo con otras situaciones parecidas, pues parece que consultar a gente que se dedica al "oficio" de la brujería se ha convertido en el pan de cada día, no sólo en nuestro país sino en muchos otros. A veces la desesperanza nos orilla a confiar en individuos con "talentos espirituales" especiales como don Melchor y puede resultar peor el remedio que la enfermedad.

¿Has acudido tú a una de estas personas, al menos por curiosidad? ¿Qué te impulsó a hacerlo?

¿Sabes de algún familiar o amigo que haya recurrido a este tipo de servicios? Si es así, pídeles que te cuenten qué resultados obtuvieron.

¿Justificas la acción de Dolores para resolver sus problemas como mujer y como madre? ¿Qué pudo haber hecho para resolver el problema del hijo mayor desde el principio?

Las creencias, incluso las religiosas, pueden interpretarse desde una perspectiva errónea y no nos permiten ser objetivos y realistas.

Cuando estamos deprimidos solemos ser presa fácil de charlatanes de toda clase.

¿Piensas que Dolores debió regresar a un punto donde pudiera resolver con eficacia los problemas de su familia? ¿O intentar encontrar la ayuda necesaria y apropiada para evitar otro conflicto?

Es posible que a algún amigo o familiar le haya resultado útil alguno de estos "servicios", pero no han llegado al grado de ser estafados con descaro como sucedió con Dolores. Sin embargo, en muchos rincones del planeta se afirma que hay personas con "manos sanadoras".

¿Qué opinas de estos casos que, según se dice, están "comprobados"?

¿Qué tanto conoces del esoterismo? ¿Por qué no te informas al respecto? Tal vez te sea útil como herramienta de prevención.

7. Amor, drogas y decepción

—Amiga, no me gusta verte así. ¿No te das cuenta del daño que te provocas por un tipo que no te ama? Si te quisiera no te impulsaría a hacer cosas que te dañan.
—No, Aline, sí me quiere, ¿por qué me dices eso?
—Porque te veo flaca, ojerosa, sin empleo (te corrieron por irresponsable) y hasta con pensamientos suicidas. El amor debe ayudarte a crecer, no a hundirte. Acepta que Manuel te ha perjudicado mucho en todos los aspectos.

Eso platicaba con Alma un día que me pidió que fuera a verla a su casa porque estaba al borde del suicidio.

Me hubiera gustado que ella misma nos contara su historia de viva voz, pero como estaba demasiado deprimida y yo viví muy de cerca su experiencia, me pidió que lo hiciera por ella.

Alma trabaja en televisión, ambiente en el que conoció a Manuel. En ese entonces él tenía treinta y dos años y ella veintiuno. En una ocasión Manuel enfrentó un problema con la policía por uso de drogas, el cual llegó a oídos de todos. Fue un verdadero escándalo.

Sin embargo, a Alma no le preocupó lo sucedido; estaba tan enamorada que no le importaba que comenzara a dar indicios de sus conflictos y malas costumbres. Era claro que no estaba listo aún para una relación sana con nadie, mucho menos con mi querida amiga.

Divorciado y con muchas dificultades familiares, Manuel era mujeriego a morir; como provenía de una familia de puros hombres, mostraba una actitud completamente machista y nociva. Venezolano de nacimiento, a simple vista parecía un hombre tranquilo, amoroso y cuerdo. Para ser justos, era guapo y encantador, de ésos de los que cualquier mujer podría enamorarse fácilmente. ¡Cómo no iba a cautivar a mi amiga! si era el galán de moda y, para colmo, acaudalado.

Un día fuimos a ver a Alma a un lugar donde iba a trabajar. Manuel pasó por mí; a ella no le incomodaba, pues confiaba en ambos y a mí no me pareció comprometedor. No tenía idea de a qué extremos era capaz de llegar el tal Manuel, ni de cómo era en realidad.

En el camino, él se detuvo en una gasolinera para cargar combustible y me preguntó:

—¿No te importa que fume?

—Claro que no, es tu coche, nada más te recuerdo que aquí no debes. Estamos en una gasolinera.

A decir verdad, yo pensé que me hablaba de un cigarrillo común y corriente. Pero, oh sorpresa, al verlo sacar de la cajuelita del tablero del coche una caja de metal pequeña, de ésas donde vienen las mentitas, me di cuenta de que adentro no había mentitas, sino mariguana.

Muy quitado de la pena, Manuel sacó una hoja de papel y empezó a preparar un cigarro de la yerba. Yo no sabía cómo reaccionar, advierto que siempre he sido muy cautelosa en el tema de las drogas. Me sentía avergonzada y temerosa, ya que de inmediato pensé en la posibilidad de que alguien nos viera o que nos detuviera una patrulla y pensaran que yo también fumaba eso.

En instantes desfiló por mi mente toda una serie de historias. Incómoda, estuve a punto de bajarme del coche porque no tenía la confianza suficiente para seguir en su compañía.

Todo esto sucedía en la gasolinera; aunque se había estacionado en una esquina, a fin de cuentas se trataba de un sitio por donde pasa mucha gente y te ve. Ahí estaba yo, con el galán de moda dedicado a fumar su yerba favorita. Como si no llamáramos la atención y pasáramos inadvertidos por el mundo...

De pronto, con tono casual, Manuel me dijo:

—Yo fumo para relajarme, te recomiendo que hagas lo mismo —y me ofreció de su cigarro.

—No, gracias —contesté—, así estoy bien, me siento muy relajada. Además, si sigues fumando eso causarás el efecto contrario, me vas a estresar.

—Perdón, Aline, no sabía que te molestara.

Reconozco que me faltó valor para expresar lo que en realidad pensaba en ese momento.

—Soy antidrogas, pero respeto las decisiones de toda la gente, incluyendo a los que les gustan. Tú decides, total, son tu cuerpo y tu mente.

Mientras hablaba, Manuel fumaba feliz su cigarrito con las ventanas y el quemacocos abiertos, para que se escapara el olor. Mientras tanto, yo sentía que me ahogaba y me inquietaba ponerme igual que él con el hornazo.

Al llegar a donde íbamos sacó una loción de la cajuelita y se bañó con ella, supuestamente para desaparecer el olor de lo que acababa de fumar.

"Qué tipo más raro", pensé. "Sin importarle que yo sea una completa extraña para él, comenzó a fumar mariguana como si fuera lo más natural del mundo."

Pero eso no era todo. Cuando nos conocimos intentó besarme, no en la mejilla sino en la boca. Mi reacción inmediata fue darle un golpe en el pecho para que se alejara de mí y hacerle saber con claridad que sus insinuaciones amorosas no tendrían impacto en mí.

—¿Qué te pasa, Manuel? —le recriminé al ver sus intenciones—. Cómo se te ocurre tratar de besarme, ¡eres un patán! ¡Además, eres el novio de mi amiga!

—Aline, no te alebrestes, sólo quería darte un beso, no hay nada de malo en ello —respondió tranquilamente.

¿Sería posible que Alma no se diera cuenta de la clase de tipejo con el que andaba? Por supuesto, cuando la vi le conté lo que había sucedido y para mi sorpresa ella se rió y respondió:

—Así es él, sobre todo si está fumando.

—Qué bien —dije con tono sarcástico—, siempre he querido un novio así.

Me pareció extraño que mi amiga justificara el comportamiento inapropiado de Manuel. No sé si en realidad estaba enamorada del tipo o simplemente se había encaprichado u obsesionado con él. Y es que no me atrevo a poner por escrito el otro término que se usa para ese sentimiento.

El día que le conté lo del beso frustrado comprobé que Alma era capaz de todo por ese hombre. Ya en una ocasión me había confiado que Manuel le propuso que tuvieran relaciones sexuales él, ella y otra mujer al mismo tiempo. ¿Y qué creen? Por amor —o por tontería— le cumplió el capricho.

La relación de Alma y Manuel continuó a pesar de todo. Yo recordé un dicho que mi abuela solía expresar: "Entre marido y mujer ni un dedo has de meter", y decidí mantenerme a distancia.

Un día Alma me llamó por teléfono y con la voz quebrada y llorosa —como tantas otras veces— se quejó conmigo:

—Manuel es un idiota, no me quiere, me trata mal y anda de mujeriego. No lo encuentro por ningún lado, parece haberse esfumado.

Me causó gran tristeza escuchar a mi amiga contarme la misma historia una y otra vez, sólo para ver que a mis consejos se los llevaba el viento, ya que al día siguiente me hablaba feliz porque iba a ver a Manuel, como si nada hubiera pasado. La verdad, ya no sabía qué decirle o recomendarle.

Alma es de provincia y sufrió muchas carencias económicas y afectivas en su niñez. Cuando era muy pequeña, su papá los abandonó a su mamá, a ella y a sus tres hermanos.

Su historia me conmovía. Por ser mujer, ella era la única que asistía a una escuela de paga, pero solía bajarse del coche dos cuadras antes de llegar porque le daba pena que sus compañeros vieran cuán viejo y feo estaba. Varias veces presenció actos de abuso de su papá hacia su mamá, cuando él llegaba borracho y algunas veces hasta drogado.

Sin duda, todo esto deja hondas huellas emocionales difíciles de superar, sobre todo si no buscas ayuda profesional. Y lo que más preocupa es que en casos como el de Alma los problemas emocionales (en ocasiones parece un animalito indefenso y sin dirección) se reflejarán en la vida de su familia futura.

A sus veintiún años, Alma es responsable de las finanzas de su familia, ya que mantiene la casa y paga la escuela de sus hermanos menores. Por consiguiente, su mamá no tiene ni voz ni voto en la vida de mi amiga.

Confieso que, pese a que su actitud solía cambiar drásticamente —se mostraba agresiva o muy depresiva—, nunca sospeché que estuviera involucrada en drogas. Sin embargo, como la conocía de mucho tiempo atrás, me di cuenta de que algo andaba mal en su vida y casi podría asegurar que la razón de este cambio de comportamiento era el tal Manuel.

Un fin de semana me llamó para avisarme que viajaría a Miami para reunirse con él. Según ella, pensaba caerle de sorpresa.

La sorpresa se la llevó ella, pues cuando llegó al departamento donde se hospedaba Manuel, lo descubrió con todo un harén de bellas mujeres, disfrutando encantado de su fiesta, en la cual no podían faltar el alcohol y las drogas. Todas las damas presentes eran las invitadas especiales esa noche.

Por increíble que parezca, a Alma no le importó lo que presenció; más bien, decidió unirse a la fiesta y hacer lo mismo que él y todos los demás.

No quiero ni imaginar lo que sucedió esa noche. Lo que sí sé es lo que ella me confesó: que agarraron la fiesta en grande, bebieron muchísimo y hasta se metieron unas cuantas "tachas" (pastillas de éxtasis). Como consecuencia, a la mañana siguiente no despertó a tiempo para tomar el avión de regreso a México, lo perdió, no llegó a su trabajo y fue despedida de inmediato.

Sin ingresos y sin las actividades profesionales que hasta cierto punto la distraían para no pensar continuamente en Manuel, no logró aprender de sus errores y mantuvo su relación con él como si fuera la más estable del mundo.

Un día la llamé para invitarla a salir y me comentó que pensaba pasar el fin de semana con Manuel.

—Muy bien —le contesté—. Hablamos después para que me cuentes cómo te fue, ¿sí?

Colgué, sintiendo lástima por ella e impotencia por no poder hacer nada para convencerla de que esa relación le causaba mucho daño.

El sábado siguiente me sorprendió su llamada:

—Aline, ¿puedes venir a la casa? Quiero contarte lo que hice el fin de semana pasado.

—Gracias, Alma, pero estoy cansada y no soy buena compañía en este momento.

—Ándale, ven, por favor —me rogó con tono alegre.

No sabía si Manuel seguía ahí; me imaginé que sí, pues por ella sabía que también pasaría ese fin de semana con él.

—Está bien, voy para allá, pero sólo un rato.

Al entrar encontré todo en penumbra; la única luz era la de las velas prendidas por toda la casa.

Alma bailaba sola en la sala mientras Manuel la veía divertido, tirado en un sillón con una copa de vino en la mano. No me agradó mucho verlos semidesnudos.

—Hola, Aline. ¿Quieres algo de tomar?

—No, gracias. Esto está muy romántico y creo que mejor me voy.

—No, cómo crees. Quédate por favor, amiga, ya casi nunca nos vemos.

Claro que no; cuando nos apasiona una relación olvidamos a nuestros amigos y le dedicamos todo el tiempo al novio o a la novia. Pero, además, Alma se había metido en rollos que la verdad a mí no me gustaban y era obvio que ya no debía convivir mucho con ella.

Me fijé en el comportamiento de mi querida amiga y pude percatarme de que no sólo estaba borracha sino también drogada.

Presa ya del miedo y la preocupación, tomé mi bolso y les dije:

—Me voy.

Alma y Manuel habían empezado a besuquearse y manosearse frente a mí. Ella, al ver que me iba, corrió a alcanzarme.

—Por favor, quédate —me suplicó con tanta insistencia que me asustó.

Me llevó a un pasillo donde Manuel no podía escucharnos y me salió con la maravillosa propuesta de acostarme con él y con ella al mismo tiempo. Sí, estar juntos, hacer el amor, tener relaciones sexuales los tres, un trío o como lo quieran llamar. Manuel le pidió que aceptara porque era algo muy especial para él y, como lo amaba tanto, pues deseaba complacerlo.

—¡Cómo se le ocurre! Sí que estás loca en permitir eso, pero allá tú. Sigue destruyendo tu vida —respondí furiosa y sin decir más salí de ahí.

Casi en estado de *shock*, pasaban mil cosas por mi cabeza: ¿cómo había llegado Alma a este extremo? ¿Qué había sido de la chica inocente que era mi mejor amiga? ¿Cómo ayudarla a salir de esa situación tan dramática?

Al día siguiente me llamó para preguntarme qué había pasado. ¿En verdad no recordaba nada? ¿O se hacía tonta? Muy molesta aún le dije que me había propuesto acostarme con su novio y con ella.

—¿De verdad, amiga? —preguntó, asombrada—. ¡No puedo creerlo, Aline! Por favor, perdóname, ¿sí?

—Alma, estás muy mal, me preocupas y ya no sé qué decirte para ayudarte. ¿No te das cuenta? —con una sensación de impotencia, le colgué.

Pero ella no dejaría que yo me alejara tan fácilmente. El día siguiente me llamó para contarme que entre su novio y ella habían tomado cuarenta "tachas" ese fin de semana.

—¿Cuarenta "tachas" en un fin de semana? No sé cómo sobrevivieron. ¡Estás loca! Ahora sí creo que no te acuerdas de lo que me propusiste. Porque me imagino que, además de las "tachas", también tomaste mucho vino tinto, ¿verdad?

—Aline, necesito ayuda. Ya no quiero seguir así, no me siento bien. Yo sé que Manuel es un desgraciado y me hace daño estar con él.

—Pero eso ya lo sabías y no te importó relacionarte con él. Ahora estás pagando las consecuencias.

—Sí, Aline, pero es que tú no me entiendes.

—Sí te entiendo, Alma, es sólo que no aceptas el consejo de nadie. Dime, ¿así cómo podemos hacer algo por ti? Tu mamá está tremendamente preocupada y triste; te ve muy mal y el otro día me pidió que te apoyara en lo que pudiera. Por lo que más quieras, déjate ayudar, no te cierres a escuchar a quienes deseamos ayudarte. Procura no hacer sólo lo que tu cuerpo te pide, por la pasión y el deseo sexual; presta atención a tu alma y a tus sentimientos.

—Ay, Aline, si pudiera…

—Amiga, toma en cuenta que la soledad es mala consejera y tú estás muy sola por dentro, ahí radica tu problema. Haz un esfuerzo por mirarte en el espejo de tu realidad. Contempla el daño que te estás haciendo con tus actos y el daño que te causa Manuel.

—Lo sé y siempre me propongo dejarlo, pero no soy capaz.

—Manuel no te quiere. Alguien que ama a otra persona no le da malos consejos, mucho menos la involucra en el camino equivocado de las drogas. Aprende otra vez a reconocer lo bella que eres en cuerpo y alma. Pregúntate si la clase de vida que llevas es la mejor para ti. Escucha la voz de Dios que vive en tu interior. Reflexiona sobre el camino que has tomado y el sitio hacia el que te diriges; piensa si al vivir como lo haces obtienes la satisfacción que necesitas y mereces.

—Son preguntas muy difíciles de enfrentar.

—Sí, pero al intentar responderlas te darás cuenta de que Manuel no puede ser parte de tu vida ni una buena opción para ti. Él necesita ayuda para sí mismo y la buscará cuando lo decida. Espero que cuando eso suceda aún tenga la salud física y mental para corregir el rumbo.

—Entiendo que tienes razón, pero ¿cómo logro romper con él si lo necesito tanto?

—Cuando uno se siente solo cree que hasta la peor compañía es buena. No te preocupes demasiado, con el tiempo aprenderás a elegir mejor con quién quieres compartir tu vida y sabrás que a veces es necesario decir adiós a las personas que nos causan mucho daño. Sé que te parecerá difícil pero créeme, si lo intentas con ganas, lo conseguirás.

—Gracias por tus palabras, Aline, espero poder hacer lo que me aconsejas, aunque ahora no estoy tan segura de lograrlo.

Por desgracia, Alma sigue involucrada en este nefasto asunto de las drogas. Espero que algún día logre liberarse de sus garras. Ya no somos tan amigas como antes y me entristece saber que cada vez está peor. Ojalá hubiera podido influir en ella.

Un diálogo a manera de análisis

En esta sección analizaremos el tema de la peligrosa combinación del amor y las drogas; veremos cómo los excesos pueden provocar la decepción y el autoabandono. Esto sucede cuando uno de los integrantes de la pareja, en una actitud autodestructiva, permite que el otro lo avasalle y deja de importarle su vida presente o futura. Veremos también qué puede hacer una amiga sincera para ayudar a alguien que no quiere ser ayudado.

—Juancarlos, ¿qué opinas del caso de mi amiga?

—Es muy lamentable. ¿Dices que sigue consumiendo drogas?

—Sí, y todo por ese novio que ella creyó que la quería mucho. Yo pienso que una relación te hace crecer, no te destruye como la de Alma.

—En efecto, y éste es un mensaje para nuestras amigas lectoras: no hagas lo que un hombre te pida si crees que es dañino para ti, podrías terminar como Alma y eso sería muy lamentable, no tengas miedo a decir *no*. Si él se va porque decidiste no secundarlo en algo ¡no pasa nada!, simplemente no era para ti; ya vendrá alguien mejor que te haga feliz y te ayude a superarte.

—Dime, Juancarlos, ¿cómo podemos ayudar a una joven como Alma, que no tiene quien le diga sus verdades o la ponga en su lugar de cuando en cuando? Tomemos en cuenta que su mamá no tiene autoridad sobre su hija; por el contrario, Alma hace con ella lo que quiere. ¿Qué puede aconsejársele?

—Para ayudar en verdad a alguien es indispensable que la persona quiera recibir lo que le ofreces. Si, como en el caso de tu amiga Alma, no cree necesitar ayuda y vive como le place, muy poco podrás hacer por ella. Si quieres brindarle tu apoyo de todas maneras, te recomiendo que no pierdas el contacto social y que con tu comportamiento positivo influyas indirectamente para modificar su negativismo autodestructivo. En otras palabras, invítala a hacer cosas que tú disfrutas y que no tengan nada que ver con lo que a ella le gusta. De esta forma, con el paso del tiempo aprenderá a valorar y reaprender que hay actividades muy diferentes y mucho más valiosas que las que acostumbra. Eso tomará tiempo, aunque con perseverancia es alcanzable.

"Pero Aline, por encima de todo, no aceptes invitaciones de su parte que se relacionen con su comportamiento nocivo. Si pretende que hagas algo que sabes que no es bueno para tu persona, dile que no estás interesada. Si insiste en seguir adelante y no se deja guiar por ti en ese momento, retírate después de haber sembrado el mensaje de que tu amistad no tolerará el comportamiento destructivo. De ser necesario, haz esto todos los días hasta que ella entienda el mensaje o tú te canses de querer ayudarla."

—Bueno, sí reconozco que llegó el momento en que me cansé, aunque ahora tus palabras me han servido para pensar que quizá deba retomar el asunto y volver a intentarlo. Seguramente hay muchas mujeres en la situación de Alma que tal vez requieran ayuda profesional. ¿Qué tipo de terapia es el adecuado para quienes sufren problemas de drogadicción o codependencia con personas dañinas?

—Las personas con ese tipo de problemas deben tocar fondo, es decir, reconocer que ya no tienen otra dirección a dónde ir sino hacia arriba. En otras palabras, es imperioso que busquen ayuda.

"En el caso específico de la drogadicción, si la persona está metida de lleno en esa situación, necesita un tratamiento de desintoxicación que debe ser aplicado por un médico. Sin embargo, quien es drogadicta o drogadicto en el aspecto social, como es el caso de Alma, se beneficiaría con un tratamiento médico menos drástico. En lo que se refiere a la codependencia, se requiere un tratamiento psicoterapéutico aplicado por un especialista."

—¿En qué consiste esa psicoterapia?

—En lo que yo llamaría "escarbar en tu pasado"; consiste en investigar qué comportamiento y enseñanzas del pasado de la persona le han afectado tanto que la manipulan a depender de otro de una manera tan drástica.

—Yo recuerdo que cuando era niña a Alma le apenaba ser pobre y que sus compañeros de la escuela lo supieran. Desde nuestra niñez es esencial que nos presten mucha atención, porque no cabe duda de que todos nuestros traumas provienen de esa etapa. Yo lo sufrí mucho con la ausencia de mi padre y siempre busqué llenar ese vacío con mi pareja. He visto que muchas mujeres crecen con serios traumas por la falta de un padre, ya sea porque murió o porque las abandonó a ellas o a la mamá. El papá de Alma, por ejemplo, fue un patán que nunca ayudó a su mamá con la casa ni ninguna otra cosa. Pero, bueno, eso nos daría material para escribir un capítulo. Tal vez en el siguiente libro, ¿no crees?

—Desde luego, Aline. Déjame aclarar que los traumas de los que hablas no son exclusivos de las mujeres, los hombres los padecemos también en gran medida y por todo tipo de razones. Recuerda que los traumas provocan una baja absoluta en la autoestima.

—De eso estoy consciente. Alma hasta la fecha le sigue llorando al tal Manuel. ¿Es por falta de autoestima o porque de verdad lo amaba mucho? Yo no lo entiendo.

—En lo que se refiere a Alma, lo que ella siente difícilmente puede calificarse como amor. El amor bueno mejora tu vida, las emociones negativas la destruyen. Muchas personas confunden las emociones del corazón con el amor que nace en el cerebro. Lo que la gente llama amor tiende a ser sólo encaprichamiento, admiración, gusto, lascivia y todo lo que quieras. Es necesario que el amor sea una decisión y no una emoción. La gente debe aprender a tomar decisiones con respecto a los sentimientos. Debe aprender a diferenciar entre lo que nos hace bien y lo que nos hace mal. Desde luego, ésta es una actitud que se logra al crecer por medio de la terapia y la influencia de los verdaderos amigos.

—Ni hablar, cómo he aprendido con tus palabras, Juancarlos. El día que tengamos el valor de vernos como somos en realidad y de atrevernos a superar los obstáculos que nosotros mismos ponemos en nuestro camino, podremos ser personas plenas y felices.

—Bien dicho, Aline…

Para reflexionar

Amor, drogas, decepción, ¿dónde hemos oído esa combinación?

El infortunio y la suerte se mezclan de distintas maneras, dicen por ahí, pero faltaría agregar que cuando no quieres (o no puedes) sustraerte a ellos, quedas en calidad de un barquito de papel bajo una tormenta. Cuando en nuestra vida aparece una persona nociva como Manuel, podemos convertirnos en ese barquito, que en la historia anterior fue Alma.

Tú, que eres inteligente y perceptiva(o), ¿crees que fue la soledad la causa esencial del problema de Alma? ¿O tal vez la debilidad de carácter o la falta de voluntad? ¿Quizás una tendencia irreprimible de hacerse daño?

Cuántas posibles explicaciones para un mismo asunto, pero el hecho ahí está: Alma no logró salir del hoyo en que se encuentra.

La soledad, la inseguridad, el miedo son muy malos consejeros, y si no los detenemos a tiempo, nuestra vida se destruye.

Yo (Aline) me di cuenta de inmediato de que Manuel era un hombre nefasto y que le haría mucho daño a mi amiga. Pero ella no me escuchó. ¿Crees tú que ella le habló de mi preocupación y él la aleccionó de alguna manera en contra mía? Si Alma hubiera sido amiga tuya, ¿habrías actuado como yo o tu estrategia hubiera sido distinta? ¿Tal vez dejar que tu amiga tocara fondo y saliera por sí misma? Total, muchos opinan que "cada quien su vida".

Retomemos la idea del miedo: ¿es posible que Alma se sintiera paralizada por el miedo de pensar y darse cuenta del terrible error que ha cometido? ¿Descubrir en forma cruda que no es lo que quisiera ser?

El hecho real es que aún no se percata de cuánto se ha deteriorado su vida y mientras no lo haga, ¿qué crees que pase?

8. La identidad sexual y el abuso infantil

Eduardo llegó a mi oficina en busca de ayuda; sufría, dijo, desde hacía largo tiempo de la falta de una personalidad sexual. Se casó a los veinte años después de haber experimentado sexualmente con varios hombres durante su adolescencia. Al presentarse por primera vez conmigo era un joven de veintisiete años de edad, con cuatro hijos y aparentemente feliz con su esposa.

—Me casé para probarme a mí mismo que era un verdadero hombre —me comentó en más de una ocasión—. Sin embargo, mi matrimonio no me satisface y siguen llamándome la atención los hombres.

—¿Has tenido relaciones sexuales con algún hombre desde que te casaste?

—Me avergüenza confesarlo, doctor, pero sí, así es. La tentación es muy grande y no sé qué hacer; sin embargo, no crea que soy homosexual —guardó silencio unos momentos—. ¡Por favor, ayúdeme! No quiero seguir viviendo así —sus ojos se llenaron de lágrimas.

—¿Qué tipo de ayuda necesitas, Eduardo? Porque, aunque afirmas que no eres homosexual, parece que para ti está definido que en el aspecto sexual te gustan los hombres. ¿Te ha pasado por la mente que quizá seas bisexual?

—No lo creo porque, si bien al estar con un hombre siento placer y disfruto el momento, después me agobia la culpa. Entiendo que el hombre bisexual se siente completamente cómodo estando con personas de ambos sexos, ¿no es así?

—En efecto. Eso se debe a que quien se considera bisexual es alguien que ya ha aceptado su preferencia hacia hombres y mujeres, por lo que deja de albergar sentimientos de remordimiento y culpabilidad. Pero, dime, ¿cómo te sientes con tu esposa después de sostener relaciones sexuales con ella?

—Me siento sucio —respondió angustiado—. Quiero y respeto a Susana; me ha dado cuatro hijos maravillosos y le viviré eternamente agradecido por eso. Sin embargo, no me siento cómodo con ella como amante. Disfruto su compañía porque es muy buena y siempre me ha demostrado su calidad humana, su amistad y lealtad. Es una mujer admirable. No es justo lo que le hago.

—Entonces, ¿qué pasa? Es obvio que admiras a tu esposa y funcionan bien como pareja en ciertas áreas. ¿Por qué la culpa después del sexo con ella?

—¡Porque le soy infiel con hombres! —casi gritó—. Y me odio por eso. Ella no lo merece, pero no puedo contenerme. El placer que me dan mis amantes es mayor que el que recibo de mi esposa. ¡Quiero dejar de hacerlo, doctor, por favor, ayúdeme!

Cuántas veces he sido testigo de la angustia de personas como Eduardo que por alguna razón luchan contra su propia sexualidad y contra ellos mismos... y siempre pierden la partida. ¿Será verdad aquel adagio que dice: "Cuando te venzas a ti mismo habrás conquistado al mundo"?

Es muy difícil controlar nuestras emociones y, sobre todo, nuestras pasiones. Aun con los enormes avances de la ciencia y la tecnología, el ser humano se encuentra en una etapa casi primaria en lo que se refiere al control de sus más bajos impulsos.

En el cerebro existe un área llamada límbica, donde se dice que se almacenan los instintos más primitivos y carnales de todo nuestro ser. Ahí tiene lugar la eterna pelea entre lo que nuestras pasiones nos exigen y lo que nuestra razón dicta. En el terreno sexual en particular, se desarrolla una pelea por asumir el control cuando nuestros deseos más bajos demandan a mil voces ser escuchados y llevados a la práctica. Cuando un hombre y una mujer se preparan para el contacto sexual con caricias y besos, los cuales se hacen más ardientes paulatinamente, los deseos abrigados en el área límbica comienzan a asumir el control. Durante este proceso, la razón y la lógica del individuo generan cuestionamientos: "No debería estar haciendo esto; mejor aquí le paro y espero hasta conocerlo mejor. ¿Qué va a pensar de mí? Es la segunda vez que lo veo y ya casi voy a tener sexo con él. Esto no está bien...".

Frases como las anteriores invaden la mente de la persona cuando comienza a internarse en sus áreas sexuales y en especial cuando el área mencionada comienza a ser estimulada por medio de caricias y besos. Sin embargo, mientras alberga esos pensamientos, los estímulos sexuales, que continúan abriendo la puerta del lado límbico del cerebro, sirven como leña al fuego para que los instintos se suelten como una jauría de lobos hambrientos, a los cuales no es posible detener fácilmente. Tan pronto el área límbica asume el control, nadie logra detener la fuerza de la naturaleza salvaje de la persona. Todo se reduce a un acto sexual guiado por su naturaleza salvaje y primitiva. Nada queda, excepto el momento en el cual la pasión y el deseo controlan todo.

Después llegan la vergüenza, la culpabilidad y todo lo opuesto a lo que se sentía antes del encuentro sexual. El lado analítico del cerebro comienza a recuperar el control y la inhibición regresa poco a poco a la persona después de haberla abandonado durante los momentos de intenso placer vividos.

Eso es lo que Eduardo sentía cuando su pasión y su deseo confrontaban la posibilidad de un enfrentamiento sexual con un hombre. El lado analítico de su cerebro le pedía no hacerlo por respeto a su persona y a su familia, en tanto que el límbico le exigía olvidarse de todo y simplemente vivir el momento. Una lucha continua entre el bien y el mal, entre el ángel malo y el bueno. Siempre que vamos a tomar una decisión de este tipo una voz nos insta a hacerlo y otra nos reprime. Eduardo las escuchaba cada vez que sentía el deseo de sostener una relación sexual con un hombre. Para él, acceder a ello no era natural ni apropiado; sin embargo, seguía haciéndolo porque era la única experiencia conocida que le brindaba la satisfacción que buscaba. Algo ocurrió en su vida que le hizo descubrir este tipo de placer homosexual, no había experimentado ningún otro. Por lo tanto, para ayudarlo debía seguir investigando.

—Eduardo, háblame de tu niñez. Necesitamos averiguar qué pasó en esa etapa que te hizo ser de este modo.

—Mi niñez fue como la de cualquier otro niño: crecí con mis padres y mis hermanos en una colonia en las afueras de la Ciudad de México. Aunque con carencias y pobreza, en cierta manera gozamos de calma y paz.

—¿Tenías mucho amigos?

—Sí. A los seis años era un niño inquieto y travieso y los demás chamaquitos me seguían mucho para jugar. Vivíamos en una especie de vecindad, rodeados de muchos vecinos. Ya sabe, doctor, cómo vive la gente pobre. Había un patio grandísimo y muchos cuartos alrededor. Éramos como una familia muy grande; con decirle que usábamos un solo baño para nuestras necesidades. Todos nos dábamos cuenta de cuándo alguien iba al baño. Era curioso ver a alguien caminar por el patio con una revista en una mano y un rollo de papel sanitario en la otra. Esto le daba a nuestro medio ambiente un matiz de familiaridad y confianza.

—¿Cómo te llevabas con los vecinos?

—Bien, todos me parecían simpáticos y creo que yo también a ellos. Me agradaba una familia en particular porque era la única que tenía televisión y de vez en cuando nos dejaban ver películas.

"A los miembros de esa familia los llamábamos 'Los Chúntaros' porque eran de provincia y hablaban, se comportaban y hasta caminaban de manera rara. Recuerdo a Joel, uno de los hijos de 'Los Chúntaros', un muchacho de unos dieciséis años que jugaba futbol conmigo y de vez en cuando me llevaba al parque. Me caía muy bien y nos divertíamos mucho juntos. Podría decirse que era mi mejor amigo."

En la mayoría de los casos de abuso infantil hay un mejor amigo que abusa de la confianza del menor de edad y lo lastima para siempre. Decidí indagar más sobre la vida, el comportamiento y la relación del pequeño Eduardo y el adolescente Joel.

—Cuéntame más sobre Joel y lo que hacían juntos.

—Recuerdo que era algo tímido. Ahora que lo pienso, creo que su familia no lo quería mucho porque siempre lo regañaban y lo maltrataban enfrente de todos. Yo sentía lástima por él y también le tenía cariño. A menudo íbamos al cerro y cuando lo veía llorar me le acercaba y le daba un abrazo para consolarlo.

En ese momento el semblante de Eduardo cambió; sus manos comenzaron a temblar y su mirada a divagar, como si quisiera salir huyendo despavorido.

—¿Qué te pasa, Eduardo? ¿Estás bien?

—Sí, estoy bien, sólo que ya no quiero hablar de eso.

—¿Ya no quieres hablar de Joel o de tu niñez?

—De Joel.

—¿Puedes decirme por qué?

—En realidad, no, doctor. Joel era buen muchacho, pero... mejor pasemos a otro tema —contestó, sumamente incómodo.

—A ver, Eduardo, mírame a los ojos, por favor, y escucha lo que te voy a decir. ¿Eduardo?

—Sí, doctor, le escucho.

—Intento ayudarte con el problema que enfrentas y no puedo hacerlo a menos que me cuentes todo lo que creas que es importante. Sospecho que tu relación con Joel es determinante y necesito conocer sus pormenores. ¿Hay algo más que me quieras decir?

Eduardo fijó la mirada en el piso y escondió las manos entre las piernas.

—¿Qué más quiere que le diga?

—No quiero escuchar algo específico. Lo que te pido es que me cuentes todo lo que creas pertinente para que pueda ayudarte mejor. ¿Queda claro para ti?

—Sí, doctor.

Sin embargo, Eduardo siguió callado, con la mirada congelada en el piso, como si estuviera en trance. Tal vez luchaba por ahuyentar al intruso que pretendía invadir sus secretos más íntimos.

Poco después pareció tomar una decisión. Levantó y sacudió la cabeza, estiró los brazos, expandió los hombros y se puso de pie. Limpiándose el rostro con las manos, exclamó:

—Está bien, doctor, le contaré todo. Comencé a tratar a Joel desde que era muy pequeñito. Recuerdo en forma vaga que cuando íbamos a su casa a ver la tele jugábamos y veía cómo lo trataba mal su familia. Me sentía mal por él, no entendía por qué. Conmigo sucedía lo contrario; teníamos muchas carencias, pero nunca me faltó amor y atención de parte de mis papás, en particular a mí, que era el menor.

"Me dolía ver a Joel llorar y salir de su casa corriendo para ocultar la vergüenza que sientes cuando tu mamá o tu papá te ponen en ridículo enfrente de otras personas. En más de una ocasión salí tras él para preguntarle qué le pasaba, pero siempre se perdía entre los arbustos. Eso es lo que recuerdo de cuando recién lo conocí.

"Conforme crecí nuestra relación se afianzó. Parece que yo también le caía muy bien porque me buscaba más a menudo. Su confianza hacia mí creció al grado de que me reveló los lugares donde se escondía en el cerro cuando se sentía solo y abandonado. Ahí me enseñó a cazar conejos, grillos y a comer grillos asados y bañados con jugo de limón. Al principio me parecía asqueroso, pero llegué a creer tanto en Joel que lo seguía en lo que hacía y en lo que me dijera que hiciera. Lo veía como mi hermano mayor y lo puse en un lugar muy especial en mi vida."

—¿Sabían tus padres que pasabas tanto tiempo con Joel?

—Toda mi familia sabía que éramos amigos, pero no que íbamos al cerro y nos escondíamos en sus lugares secretos a veces durante horas.

—Dame más detalles sobre esa relación.

—Una tarde vi a Joel salir corriendo de su casa con la cara ensangrentada; su padre le había pegado, no sé por qué razón. Sentía mucho coraje hacia ese señor por su actitud agresiva con mi amigo y me preguntaba por qué nadie lo entendía ni le daba el cariño y amor que necesitaba. Así pensaba a mis seis o siete años.

"En esa ocasión lo seguí al lugar a donde iba cuando se sentía solo y enojado. Lo encontré frente a un charco, tirando piedras hacia el agua, tratando de formar las figuras de patitos que salen al tirarlas de lado. Me senté junto a él y puse la mano sobre su hombro para que supiera lo mucho que lamentaba que sufriera. Joel se volvió, me miró con los ojos llenos de lágrimas y acercándome a él me envolvió en un estrecho abrazo. Su angustia era tan intensa y sus lágrimas y gemidos tan fuertes que no tuve más remedio que unirme a su llanto, aun cuando me sentía ligeramente incómodo.

"Nos abrazamos y lloramos como si él fuera tan niño como yo. De alguna manera comprendía su pena y casi mágicamente me la contagió, haciéndome sentir como una sola persona con mi amigo. Joel me acariciaba la espalda mientras lloraba y yo no sabía qué hacer o qué esperaba de mí. Me sentí protegido y muy cómodo en sus brazos. De súbito me alejó y me dio un beso en la mejilla. Yo lo miré asustado.

"—¿Te molesta que te dé un beso? —me preguntó.

"—No —respondí, desconcertado ante su muestra de afecto.

"Volvió a besarme, ahora más cerca de los labios mientras sus manos acariciaban mis brazos, mi espalda y mis piernas.

"—No quiero que vayas a pensar mal de esto —me dijo—. Eres mi amigo, te has portado muy bien conmigo y me has demostrado que me quieres. Ésta es mi manera de darte las gracias. ¿Lo entiendes?

"—Creo que sí —le contesté.

"—¿Puedo seguir acariciándote? —me preguntó.

"Yo me quedé callado, sin saber qué pensar. Las caricias y los besos no eran nada nuevo para mí, ya que mi mamá y mi papá me los prodigaban todo el tiempo. Pero Joel no era ni mi papá ni mi mamá. '¿Es normal lo que hace?', dudaba, 'aunque debo confesar que siento rico. Joel es mi amigo; me cae bien y me siento a gusto cuando estoy con él. Nunca he tenido un amigo así y a lo mejor esto es lo que los amigos hacen.' Así procuraba entender lo que sucedía.

"Mientras tanto, él me besaba las mejillas y los labios. Sus manos se introdujeron por debajo de mi camisa y comenzó a acariciar mi espalda y mi pecho. Yo sentía confusión y placer. Joel me repetía con insistencia: 'Esto no es malo, los buenos amigos lo hacen. ¿Te gusta?'. Yo estaba más bien paralizado, nunca antes había experimentado esas sensaciones. Nunca me habían hecho lo que me hacían. Me invadía una rara mezcla de confusión. Sentía que flotaba en el espacio, que viajaba por las nubes. Miré hacia abajo; Joel me quitaba mis pantaloncitos y mis calzoncitos y me besaba todo el cuerpo. 'Esto no es malo, los buenos amigos lo hacen.'

"De repente, ansiedad y un gran dolor. No sé cómo, pero en un instante me encontré boca abajo y Joel encima de mí movía las caderas de manera extraña. Dolor, mucho dolor. 'Esto no es malo, los amigos lo hacen.'

"El incidente nos unió de una manera que no alcanzo a describir. Lo consideraba más que a un amigo, más que a un hermano. Joel despertaba en mí admiración, cariño y ternura. Ansiaba estar a solas con él y que jugara exclusivamente conmigo. Comencé a sentir celos cuando veía que alguien más jugaba con Joel, en particular los chicos de su misma edad. Las muchachas se le acercaban y a mí me molestaba mucho, pero me lo guardaba porque no hubiera sabido cómo explicar que sentía celos de mi amigo. Nuestra relación fue creciendo y debo confesar que paulatinamente le hice saber que me molestaba verlo jugar con otras personas.

"—No te sientas mal —me aseguraba—, tú eres mi amigo favorito —y me rascaba la cabeza.

"Le confieso que me moría por abrazarlo y decirle abiertamente que me gustaba mucho estar con él, que quería tocarlo y que él me tocara... pero me daba vergüenza."

—¿Cuántas veces tuviste contacto sexual con Joel?

—Muchas. Al principio me dolía estar con él —sexualmente hablando—, pero poco a poco me acostumbré y cuando menos lo esperaba ya lo añoraba. Llegamos a ir al cerro una o más veces al día y disfrutábamos mucho juntos. Sin embargo, también hubo momentos muy difíciles porque yo no era el único niño con quien Joel tenía relaciones.

—¿Quieres decir que...?

—Sí, doctor, había otros niños y hasta otras niñas. Sentía muchos celos y le reclamaba como los amantes dolidos que luchan por no perder su amor eterno. Pero él siempre me respondía que yo era al que más quería.

—¿Le contaste a alguien más sobre esta relación?

—No. Lo nuestro sólo lo supimos él y yo, y ahora usted. Siempre me advirtió que si se lo contaba a alguien jamás volvería a verme y que, además, nadie me creería. En realidad, nunca me pasó por la mente compartir nuestro secreto con otra persona. No quería perder su amistad y llegué a la conclusión de que jamás sería sólo para mí.

—¿Cuánto duró esa relación?

—Mucho tiempo, hasta que nos cambiamos para el norte cuando yo tenía como catorce años.

Eduardo volvió a bajar la cabeza y a poner las manos entre las piernas.

—¿Te dolió dejarlo de ver?

—Mucho.

—¿Qué es lo que más extrañabas de esa relación?

—Al principio echaba mucho de menos el tiempo que pasábamos jugando y riendo como dos tontos. Pero cuando la relación sexual comenzó, me hizo adicto a sus caricias y a la manera en que me hacía el amor. Me hacía sentir la persona más especial del planeta.

—¿Te das cuenta de que Joel te sedujo y abusó de ti sin que pudieras hacer nada al respecto?

—Sí, ahora lo comprendo.

—Háblame de lo que pasó después.

—Cuando me mudé con mi familia al norte de la república, caí en una depresión muy fuerte porque sabía que no vería más a mi amigo. Sin embargo, con el paso del tiempo entré en contacto con muchachos y muchachas de mi edad y mi depresión y mi recuerdo de Joel se desvanecieron poco a poco.

"¡Ah!, pero me preguntó qué extrañaba más de esa relación. Bueno, pues Joel me hizo adicto al sexo. Como él me proporcionaba el único placer sexual que conocía, busqué a otros muchachos y hasta a personas mayores de edad para recibirlo. Me volví un adolescente promiscuo, siempre en busca de una relación sexual que me brindara placer físico."

—Escuché que también te involucraste con muchachas. ¿Tenías sexo con ellas?

—Así es. Pero nunca sentí el mismo placer que sentía cuando un hombre me penetraba y yo lo penetraba a él. Nunca he podido explicármelo.

—Si te gustaba tanto estar con hombres, ¿por qué entonces buscabas también a mujeres?

—Es que sabía que lo que hacía estaba mal. En la escuela, en la iglesia y en la casa te inculcan que los hombres sólo deben tener relaciones sexuales con mujeres y que a aquellos que se involucran con hombres Dios no los quiere y se van al infierno. Yo me sentía muy culpable, confundido, y siempre que escuchaba algo así, avergonzado, quería que la tierra me tragara. Mas nunca pude detenerme. Luchaba conmigo mismo, pero jamás soporté no estar con un hombre.

"Para convencerme de que sí era capaz de tener sexo con mujeres, no sólo lo hacía con chicas de mi misma edad sino con mujeres mayores, solteras y casadas. No me importaba nada, quería probarme que era hombre y que mi deseo por otros varones era algo que podía hacer desaparecer cuando quisiera. Pero siempre regresaba a buscar lo que me provocaba más placer.

Como ya sabe, incluso me casé con una mujer buena haciéndole creer que la amaba y la haría feliz toda la vida. Eso es lo que más me duele, haberla engañado al ocultarle mi doble vida. Y son cuatro los hijos que he procreado como resultado de mis mentiras y falsedades.

"Ésa es mi historia, doctor, y éste es mi secreto."

A Eduardo le recomendé lo usual en casos dramáticos como el suyo: someterse a una psicoterapia intensiva orientada a ayudarle a crear una nueva personalidad sexual y a enseñarle a poner a un lado la que le causara tanta desdicha y desgracia.

Le aconsejé que no le revelara aún su secreto a su esposa y que esto lo haríamos juntos en alguna ocasión propicia, dentro del ambiente psicoterapéutico.

Lamento decir que únicamente lo atendí cuatro veces, pues ya no regresó para la quinta sesión. Cuando llamé a su casa para ver cómo estaba, me informaron que se había quitado la vida. Una tarde no llegó a su casa y lo reportaron a la policía. Días después identificaron los restos de una persona que se arrojó frente a un tren. Eran de Eduardo.

Por desgracia, éste buscó ayuda demasiado tarde, cuando ya había entrado en una crisis profunda y no pudo esperar a descubrir los resultados de la terapia.

Un diálogo a manera de análisis

En esta sección abordaremos dos temas de gran importancia y actualidad en la vida de los seres humanos: el abuso infantil y los devastadores efectos que a veces genera en la identidad sexual de la víctima. Veremos cómo estas personas viven sin recuperar su autoestima y muchas veces no logran asumir su verdadera identidad sexual. Analizaremos el papel que juega en estos casos el tiempo de calidad que se le dedique a los hijos, la comunicación y la disciplina con que se les eduque.

—Qué caso tan terrible, Juancarlos. Estoy impactada.

—Es muy desafortunado, pero en el mundo entero abundan los ejemplos de hombres que, al igual que Eduardo, resultan víctimas de la curiosidad e irresponsabilidad de algunos adolescentes y de la falta de educación de algunos padres.

—¿Cómo darse cuenta de que sucede algo así?

—Los niños requieren cuidado y atención, mucha atención. Los padres deben dedicar tiempo para conocer a fondo el comportamiento de sus hijos. Por ejemplo, durante los primeros años de vida de un niño no es normal que esté triste o deprimido. Si es así, algo le sucede y es necesario que los padres lo investiguen.

"Millones de menores son víctimas de abuso sexual en varias etapas de la vida y lamentablemente viven el resto de su niñez, toda su adolescencia y a veces toda su vida de adultos sin contar con alguien a quien confiarle sus problemas. Según las estadísticas, los niños molestados sexualmente nunca recuperan su autoestima, a menos que reciban psicoterapia de un profesional capacitado y especializado en ese tipo de traumas."

—¿Son varios los tipos de abuso sexual?

—Aquí abordaré dos: el causado por un miembro de la familia del menor y el causado por un amigo o vecino de la familia. Al abuso sexual de un niño —haya penetración o no— llevado a cabo por algún miembro de la familia se le llama incesto. Es terrible aceptarlo, pero en muchas ocasiones cuando una niña o un niño que es molestado por algún miembro de su familia se arma de valor y le cuenta a alguien lo que le sucede, nadie le cree. Una sugerencia a ti, lectora o lector, si eres madre o padre, asegúrate de tomar el tiempo necesario para crear una relación de confianza y credibilidad entre tú y tu hijo o hija. Nunca ignores lo que te digan. Los niños viven y ven el mundo en un nivel por completo diferente de los adultos. Escucha a tus hijos e infúndeles la seguridad de que cuando tengan algo que decirte siempre estarás ahí para apoyarlos.

"El otro tipo de abuso sexual es el causado por algún amigo o vecino de la familia. Para evitarlo, hay varias interrogantes que debes plantearte: ¿Sabes quién entra a tu casa? ¿Conoces exactamente quién pasa tiempo con tus hijos? ¿Te tomas el trabajo de conocer lo esencial sobre la persona que los cuida mientras tú trabajas o vas a la escuela? Antes de confiárselos a alguien, deberás contestar estas preguntas de manera satisfactoria."

—¿Qué puede aprender de este caso una madre o un padre?

—Espero que esta historia los haga pensar y recapacitar sobre la responsabilidad de los adultos para con nuestros hijos. Eduardo fue víctima de las circunstancias y por falta de orientación cayó en el error de creer que el mejor placer del mundo es el sexo. Joel también lo fue y dondequiera que se encuentre seguirá cosechando lo que ha sembrado. Es posible que él mismo haya sido víctima de abuso sexual y simplemente hizo lo que creía que era natural. Pero alguien debe detener ese círculo destructivo de comportamiento sexual inapropiado.

—Juancarlos, ¿cómo evitar sostener relaciones sexuales que sólo causarán daño psicológico y moral?

—No sé cuál sea tu opinión sobre la relación sexual, pero en los años que he trabajado como psicólogo y durante toda mi vida adulta he llegado a dos conclusiones sobre el tema. Permíteme compartirlas contigo.

"En primer lugar, el sexo no es el mayor placer que el ser humano puede experimentar. Saber amar *condicionalmente*, investigar, conocer a fondo qué necesitamos de nuestra pareja y tener el valor de pedirlo, nos causa mucho más placer. El amor condicional es aquel que sabe pedir y exigir lo mejor de la otra persona. No se conforma con lo que le dan ni recibe migajas de su cónyuge. El amor condicional pide y da y no teme asumir el reto de una relación. Desde luego, hay que aprender a pedir con responsabilidad y ésta comienza en la persona misma. Nunca olvides que tú eres el ser humano más especial del mundo entero. No lo son tus hijos, ni tu esposo o esposa, sino tú. Tú eres la persona más especial del mundo y si tú estás bien los que para ti son especiales también lo estarán.

"Lo mencioné en otra parte del libro, si la relación sexual no es una expresión de amor se convierte en un obstáculo para el mismo. En la sociedad moderna los adultos padecen de lo que llamo 'el síndrome del horno de microondas'. Todo lo quieren rápido y con el mínimo esfuerzo posible. Esto se expande hasta nuestras costumbres alimenticias y para muestra basta saber que la industria de la comida rápida es la de mayor desarrollo. Si tienes hambre quieres la comida con la mayor rapidez y esfuerzo posibles.

"Si pretendes que tu vida amorosa y romántica sea distinta, este comportamiento deberá cambiar, sobre todo si deseas heredarles a tus hijos las herramientas necesarias para que cuando crezcan sepan tomar las mejores decisiones. Cuando tu hija se vea ante la coyuntura de decidir si irse o no a la cama con un muchacho que acaba de conocer, lo único que tendrá como base será lo que le hayas enseñado. Tú no estarás ahí para aconsejarla o protegerla como quisieras. Lo único que puedes heredarle son tus enseñanzas, que la acompañarán el resto de su vida.

"Tampoco estarás junto a tu hijo para recomendarle que no acepte las drogas que le ofrecen en la escuela o en la calle. Lo que le enseñes le ayudará a tomar la mejor decisión. Los autos, las casas y todo el dinero del mundo de nada servirán si no hay en la vida de tus hijos una enseñanza sólida colmada de amor y disciplina."

—¿Cuál sería un consejo especial tuyo para los padres que deseen evitar problemas de este tipo?

—Les diría: "Bríndales a tus hijos mucho amor y tiempo de calidad. Pero, sobre todo, edúcalos con disciplina, mucha disciplina".

—Juancarlos, yo no soy madre todavía, pero cada vez que escucho este tipo de historias y algunas otras que incluimos aquí, me aterra pensar en que mis hijos caigan en este tipo de cosas, en no saber educarlos. Explícame, ¿cómo se hace a un hijo disciplinado?

—La disciplina en un hijo comienza desde muy pequeño, me atrevería a decir que cuando todavía no sale del vientre de la madre. Después de los cuatro meses de gestación, los bebés ya pueden escuchar y asimilar información, como las voces de papá y mamá, canciones y otros estímulos. Es muy importante que se les hable antes de que nazcan para que se familiaricen con los sonidos de la casa y las voces de sus familiares.

"Después de su nacimiento debe continuarse con su educación y disciplina; por ejemplo, hay que enseñarle a dormir cuando es tiempo de dormir y a despertar cuando es tiempo de despertar. Muchos padres inexpertos acostumbran al bebé a estar siempre en sus brazos; el resultado es que por la noche, cuando ellos están agotados, el hijo no puede dormir. Nunca se ha sabido de un bebé al que le haga daño llorar; por eso, mamá, si el tuyo llora no corras a cargarlo. Un bebé llora cuando su pañal está sucio, cuando está enfermo, o cuando tiene hambre. Fuera de eso, no tiene por qué llorar, a menos que ya haya aprendido a manipular a sus padres. Puedes brindarle mucho cariño y atención a tu hijo sin necesidad de cargarlo o sacarlo de su cuna. Enséñale que tú controlas la situación y que se le puede cargar cuando tú quieras y no cuando él quiera. Esto es lo que llamo disciplina, la cual ayuda a que el bebé reconozca la autoridad de papá y mamá y que no siempre puede conseguir lo que él quiera.

—Dime, Juancarlos, ¿la disciplina cambia con la edad de los hijos?

—Sí, conforme el bebé crece, el tipo de disciplina se modifica y deben aplicarse varias técnicas según su edad. Los niños, por naturaleza, tienden a manipular y controlar todo a su alrededor y es responsabilidad de sus padres enseñarlos a reconocer la diferencia entre lo que pueden obtener y hacer y lo que no pueden obtener ni hacer. "Enseña al niño en su camino y cuando fuere grande nunca se apartará de él"; estas sabias palabras fueron escritas por Salomón en referencia a la educación y disciplina que debe aplicarse con los bebés y los niños.

"Muchos padres creen que a los hijos debe educárseles después de los siete u ocho años. Pero a esa edad podría ya ser demasiado tarde, pues la influencia externa (la calle y los amigos) ya habrá causado un impacto profundo en su mente y sus emociones. Si la educación paterna y materna no es más fuerte que la de la escuela, la iglesia o la calle, los hijos sólo le guardarán respeto a lo que aprendan en estos últimos entornos. Y seamos realistas; en la escuela, por ejemplo, no se enseña moral, valores espirituales ni buen carácter. Esas enseñanzas se reciben exclusivamente en el hogar. Por eso, tú, si piensas ser madre o padre, prepárate para ser el mejor maestro de tus hijos. Y si ya los tienes y no sabes cómo hacerlo, prepárate de cualquier manera, ya que nunca es tarde para aprender a ser un buen maestro y un buen amigo. Si lo logras, tu hijo o hija confiará en ti lo suficiente como para contarte todo lo que le sucede, en especial si es algo tan terrible como el abuso."

—Sí, estoy de acuerdo en que es fundamental desarrollar ese nivel de confianza con los hijos, pero si por cualquier razón él o ella no nos lo comunican, ¿hay alguna manera de sacarles esa información? No sé, tal vez una clave, una palabra mágica.

—Buena broma. No, nada es mágico en la disciplina que debe aplicarse con los hijos y nada se logra de no ser por el trabajo de los padres con ellos. Una recomendación para ti, padre o madre: fíjate como meta conocerlos, familiarizarte con su carácter y su estado de ánimo. Por ejemplo, a los seis años de edad los niños quieren saltar, gritar y jugar; si observas que tu hijo(a) más bien se aísla o se deprime continuamente, si no muestra ganas de asociarse con niños de su misma edad, es señal de que algo fuera de lo común lo está afectando y necesitas investigarlo. Asegúrate de pasar tiempo con tu hijo, de conocerlo a fondo y, sobre todo, de comunicarte con él o ella. También aprende a creerle todo lo que te diga. Si no lo haces y le llamas mentiroso o embustero, perderás la oportunidad de comunicarte con él y no tendrá con quien desahogarse.

"Muchos padres, ocupados en otras cosas, no saben escuchar a sus hijos cuando éstos se acercan a contarles algo que les sucedió en la escuela o con el vecino. 'Papá, ¿puedo hablar contigo?', pregunta la hija. 'Ahora no, m'ija, estoy viendo el futbol', contesta el padre. Una escena común en muchos hogares. ¿Cómo sabe este padre que ella no quería contarle que intentaron violarla, golpearla o algo por el estilo? Claro, no hay manera de que se entere si no se toma el tiempo de escucharla. Si tu hija se te acerca y en verdad estás muy ocupado(a) en algo que no puede esperar, ¿por qué no le contestas: 'Ven, hijita, siéntate aquí conmigo; dame unos minutos para terminar lo que estoy haciendo y platicamos, ¿qué te parece'? O bien, si estás viendo el futbol, bájale el volumen y préstale toda tu atención para que vea que ella es mucho más importante que tu partido. Es posible que se siente a verlo contigo y charlen después.

"Si no sabes comunicarte eficazmente con tus hijos, es absolutamente esencial que aprendas. Nadie sabe cómo ser padre a menos que lo viva en carne propia. En la actualidad, la ventaja es que hay escuelas para padres y muchos psicólogos profesionales que pueden ayudarte a desarrollar una relación saludable con tus hijos. Habla con calma con ellos y, lo reitero, aprende a diferenciar entre tiempo en cantidad y tiempo de calidad para tus hijos. Muchos padres consideran que ver dos películas o más junto a sus hijos en el fin de semana cuenta como tiempo de calidad. Sentarse uno al lado del otro en el mismo sillón con la mirada fija en el televisor no lo es, más bien, es tiempo en cantidad. Tiempo de calidad con tus hijos es jugar, leer con ellos, hacerlos sentir importantes, especiales, y enseñarlos a desarrollar buenas costumbres. Nadie nace sabiendo, pero sí puedes aprender a ser buen amigo o amiga de tus hijos y evitar que caigan en problemas como los de Eduardo."

—Creo que en gran medida su problema se debió a que era muy pequeño cuando ocurrió el abuso y desde entonces se acostumbró a las relaciones sexuales. Eso después le causó confusión y culpa. ¿Cuál es una buena edad para empezar a tener contactos de este tipo?

—Ésta es una pregunta que suelen plantearme los padres y los adolescentes en los seminarios que imparto, y mi respuesta siempre es la misma. En primer lugar, si padres e hijos mantienen una buena relación y comunicación, tal vez no necesitarían hacer esa pregunta. Pero como nuestra comunidad latina aún está en pañales con respecto al nivel de comunicación con los hijos, el cuestionamiento es válido y necesario. ¿A qué edad debe una señorita o un joven comenzar a tener relaciones sexuales? En un mundo utópico, la respuesta sería: cuando sea mayor de edad y pueda responder por las consecuencias de sus actos.

Sin embargo, la realidad es diferente; las jovencitas y los jovencitos despiertan al sexo de los doce años en adelante, y a veces antes. Esto se debe a su mala comunicación con sus padres. Un consejo para ti, madre o padre que aún no consigues desarrollar una buena comunicación con tus hijos: háblales de sexo, de los condones, de las muchas maneras de protegerse de las enfermedades de transmisión sexual y, desde luego, de la prevención del embarazo no deseado. Se cree que hablarles de condones y pastillas anticonceptivas es como darles permiso para tener sexo, pero hay que ser realistas y entender que, con o sin los consejos de sus padres, ellos lo van a hacer.

"Si consultamos las estadísticas veremos que las jovencitas sostienen su primera relación sexual por simple curiosidad o por presión de sus amigas y que en ella no obtienen ningún tipo de placer. Es más, experimentan dolor y frustración. Por lo tanto, cuando ya quieran mantener una relación sexual monógama y exclusiva, les resultará muy difícil disfrutarla por no haber aprendido las delicias del sexo. Lo ideal sería que los jóvenes esperaran a relacionarse sexualmente hasta cumplir la mayoría de edad. Pero, y ahora le hablo a las y los adolescentes, si no puedes o no quieres esperar, infórmate y aprende la manera de prevenir enfermedades y embarazos no deseados. Acude a una clínica de planeación familiar o consulta con tu médico cómo protegerte y proteger a tu pareja. Limita tus parejas sexuales, ya que cuantas más tengas, mayor será el riesgo de que contraigas enfermedades de transmisión sexual, como el mortal VIH-sida o el herpes. No seas una estadística más y cuídate; no olvides que eres una persona muy especial y te quedan muchos años por delante. Cómo los vivas depende de lo que hagas hoy."

—Espléndidos consejos, Juancarlos. Si volvemos al caso de Eduardo, ¿crees que un niño que es víctima de abuso sexual pierde automáticamente su definición en ese sentido?

—Muchos niños que han sido sometidos a este abuso no padecen problemas de identidad sexual porque buscaron ayuda después de llegar a la edad adulta. Nada puede afirmarse de manera absoluta, pero sí te digo que es más probable que un hombre o una mujer que fue víctima de abuso en su niñez y no busca ayuda psicológica sufra problemas sexuales, que aquel o aquella en las mismas circunstancias que sí recurre a un profesional.

"A ti, madre o padre de familia, te recomiendo que si sospechas que uno de tus hijos ha sido víctima de abuso sexual, busques ayuda de inmediato. Hay técnicas para comunicarse con los niños —y los adultos— y ayudarles a confiar en alguien lo suficiente como para contarle los lamentables sucesos. La confianza es la palabra clave en la curación de una persona en estas circunstancias. No saber, no ser capaz de abrirle el corazón a alguien, es uno de los factores que contribuyen a que muchos adultos vivan en la depresión, en la mediocridad.

"Es vital que todos los niños estén conscientes de que alguien cercano a ellos siempre estará disponible cuando más lo necesiten. Es fundamental que confíen en alguien para desarrollar una autoestima sana y fuerte. La confianza se extiende hasta la vida adulta y muchas personas que no logran depositarla en nadie van de una relación a otra sin mantener una sana y estable. La confianza en los demás y la autoestima deben comenzar en la niñez. De otro modo se interrumpirá el desarrollo mental y psicológico del menor y conforme crezca sus deficiencias sociales y morales se volverán obstáculos que le impedirán gozar de una vida fructífera."

—Una vez más, Juancarlos, me dejas un valioso aprendizaje que yo, al igual que muchas otras mujeres, espero poner en práctica cuando sea madre. Gracias por tus palabras que nos invitan a reflexionar y a prestar atención a lo que antes tal vez nos parecía irrelevante.

—Gracias a ti, Aline, por tu interés en proporcionar apoyo a tantas y tantas personas que lo necesitan y que viven su vida "a medias", podríamos decir. Quiero aprovechar esta oportunidad para compartir contigo y con nuestros lectores datos relacionados con este difícil tema obtenidos a lo largo de mi experiencia profesional y que considero que es de vital importancia tomar en cuenta. Los presento aquí porque mucha gente se acerca a mí con un cúmulo de dudas al respecto.

"Empecemos por una pregunta: ¿cuántos hombres conoces que padecen problemas de identidad sexual? Posiblemente no muchos, tal vez ninguno. Las razones para ello son dos: o bien tus allegados no sufren de este trastorno emocional o no lo han exteriorizado, es decir, no comparten el asunto con nadie.

"Los problemas de identidad sexual consisten en no saber con exactitud hacia dónde se dirige tu preferencia sexual. Esto es, el hombre se siente atraído hacia las mujeres, pero por alguna razón que desconoce también le atraen los hombres.

"En los hombres con una identidad sexual poco clara, la confusión y la vergüenza, así como el odio a sí mismos, son mucho más palpables que en las mujeres. Hay casos —como sucedió con Eduardo— en los que optan por el suicidio.

"Sin embargo, dicho trastorno no necesariamente significa que el hombre que lo sufre deba considerarse homosexual. (O, como erróneamente la sociedad denomina a las personas con atracción sexual por el mismo género, *gay*. El término inglés *gay* significa *feliz, contento, de buen humor*, pero a principios de los años cincuenta este adjetivo calificativo empezó a utilizarse también para referirse a las personas que "salían del clóset". Asimismo, ha sido adaptado por la sociedad en general para referirse a una persona que confiesa abiertamente su preferencia sexual.)

"Para aclarar el panorama, la siguiente es información de gran utilidad sobre la homosexualidad en nuestra sociedad. Durante años se ha estimado que 10 por ciento o más de la población mundial es homosexual. Este porcentaje se basa en los estudios del doctor Alfred C. Kinsey. Si bien Kinsey no era psiquiatra, psicólogo ni sexólogo, sino profesor de biología y experto en la clasificación de insectos de la Universidad de Indiana, se dedicó por cuenta propia a investigar la sexualidad humana. Sus resultados, como el de la tasa mencionada, han sido objeto de críticas por parte de muchos expertos en sexualidad humana.

"Dicha tasa se menciona de manera rutinaria en diversos trabajos y medios. También ha sido citada como evidencia de la influencia política de los homosexuales, así como por activistas que favorecen la implantación de programas en pro de la homosexualidad; por ejemplo, la extensión de beneficios a las familias de empleados homosexuales en las grandes organizaciones.

"Desde hace tiempo numerosas evidencias han indicado que el índice de 10 por ciento es un porcentaje demasiado alto. Se han efectuado encuestas con grandes cantidades de personas en Estados Unidos, Canadá, Inglaterra, Francia, Noruega, Dinamarca y otros países, las cuales muestran un cuadro de experiencias homosexuales de seis por ciento o menos y de una incidencia exclusivamente homosexual de uno por ciento o menos.

"En 1988 el Centro Nacional de Estadísticas sobre Salud de Estados Unidos interrogó a cerca de 10 mil sujetos en un lapso de tres meses, respecto de sus conocimientos y actitudes sobre el sida. Una de las preguntas que se formularon fue la siguiente: '¿Ha sostenido relaciones sexuales con otro hombre al menos una vez desde 1977?'. No más de tres por ciento de los hombres que participaron en la encuesta respondieron "Sí" a por lo menos una de las preguntas. Puesto que algunas de las otras respuestas afirmativas correspondían a otros asuntos, por ejemplo, las transfusiones de sangre, el uso de drogas intravenosas, etcétera, los datos sugieren que la práctica de un comportamiento homosexual esporádico se realiza en menos de tres por ciento entre los hombres.

"Otros estudios informan también que las mujeres presentan la mitad de este comportamiento, de modo que el estimado de homosexualidad en la población femenina en general sería menor de uno y medio por ciento.

"Muchas otras encuestas revelan porcentajes similares. Los investigadores Paul y Kirk Cameron compilaron un nuevo informe en el que se resumen más de treinta encuestas aplicadas a un número elevado de personas. Algunas de ellas arrojaron los siguientes resultados:

Francia: una encuesta del gobierno llevada a cabo entre 1991 y 1992 con más de 20 mil adultos reportó que 1.4 por ciento de los hombres y 0.4 por ciento de las mujeres habían sostenido relaciones homosexuales durante los cinco años previos al estudio. Las proporciones de conducta exclusivamente homosexual durante toda la vida fueron de 0.7 por ciento en los hombres y 0.6 por ciento en las mujeres; y de experiencias homosexuales durante toda la vida fueron de 4.1 por ciento en ellos y 2.6 por ciento en ellas.

Reino Unido: una encuesta nacional realizada entre 1990 y 1991 con más de 18 mil personas de entre de 10 y 59 años de edad estableció con claridad que 1.4 por ciento de los hombres habían sostenido relaciones homosexuales durante los cinco años previos a la encuesta y 6.1 por ciento durante toda su vida.

Estados Unidos: una encuesta nacional llevada a cabo por el National Opinion Research Center con más de mil 500 adultos en la Universidad de Chicago demostró que de los adultos mayores de 18 años sexualmente activos, 1.2 por ciento de los hombres y 1.2 por ciento de las mujeres sostuvieron relaciones homosexuales durante el año anterior a la encuesta; de 4.9 por ciento a 5.6 por ciento de las personas de ambos sexos informaron que desde los 18 años habían tenido parejas de ambos sexos, y de 0.6 a 0.7 por ciento, compañeros exclusivamente homosexuales.

"Otra encuesta que comprende a más de treinta y seis mil estudiantes de escuelas públicas de séptimo a duodécimo grado del Minnesota Adolescent Health Survey

(1986-1987), demostró que 0.6 por ciento de los varones y 0.2 por ciento de las chicas se identificaron como principalmente homosexuales; 0.7 por ciento de ellos y 0.8 por ciento de ellas como bisexuales; y 10.1 por ciento de ellos y 11.3 por ciento de ellas no estaban seguros.

"Canadá: en un grupo de más de cinco mil estudiantes universitarios de primer año menores de 25 años de edad escogidos en todo el país se descubrió que 98 por ciento era heterosexual, uno por ciento bisexual y otro uno por ciento homosexual.

"Dinamarca: en 1989 una encuesta realizada con más de tres mil adultos de entre 18 y 59 años de edad dejó en claro que las relaciones homosexuales eran de 2.7 por ciento entre los varones y menos de uno por ciento de éstos eran exclusivamente homosexuales.

"Ahora bien, reitero que tener problemas de identidad sexual no significa ser homosexual, sino que por algunos sucesos de la infancia o la adolescencia la vida sexual fue alterada al grado de no saber hacia dónde se dirige el interés a este respecto. Por lo que se ha estudiado, esta problemática regularmente se origina en la niñez o en la adolescencia y es disparada por el abuso físico-sexual de algún adulto cercano al niño, como sucedió con el caso que analizamos."

Para reflexionar

Con conflictos de identidad sexual muy graves Eduardo es sólo uno de los innumerables casos que encontramos en la sociedad actual y, a pesar de que pueden vivirlo personas muy cercanas a nosotros, ignoramos por completo la lucha que se lleva a cabo en su fuero interno.

Un niño tal vez no pueda definir lo que es "abuso sexual", "masturbación" u "homosexualidad", pero, aunque las primeras veces que los experimenten sólo sientan algo agradable o desconcertante, en algún momento en lo más profundo de su ser y de su conciencia tendrá que prenderse un foco rojo que indique "Cuidado, ¿qué pasa aquí?".

¿No lo crees así, estimada lectora o lector? ¿Consideras que a Eduardo este foco se le prendió demasiado tarde, cuando ya nada podía hacer?

No sólo la tradición sino los principios morales de cada familia inculcan en los pequeños que los hombres sólo deben relacionarse sexualmente con mujeres y viceversa. Desde bebés, a los varones se les viste de azul y a las niñas de rosa. Los niños van a clases de karate y de futbol y las niñas aprenden ballet o a tocar el piano. ¿A ti te parece que estos roles están excesivamente inducidos desde tan temprana edad? ¿Que los padres exageran al procurar que sus hijos sean más masculinos y sus hijas más femeninas? Eso queda a tu criterio.

Por otro lado, en lugar de preocuparse por esos detalles, ¿consideras que deberían cuidar más a sus hijos, saber dónde y con quién están y qué hacen? Tal vez esa atención fue la que le faltó a Eduardo. Él siempre fue en busca de su identidad, misma que no pudo definir ni aun después de siete años de matrimonio. No llegó al rigor personal para decir con consistencia: "Yo soy hombre, así me siento y así actúo". La ambigüedad de roles que vivió en su infancia se convirtió en un "conflicto de roles" en su juventud y por desgracia no pudo superarlo. Fue usado y abusado sexualmente sin que opusiera la menor resistencia desde pequeño. Sin embargo, ¿por qué no se defendió cuando maduró? ¿No pudo o ya no quiso hacerlo? ¿Era algo propio de su naturaleza o estaba a gusto con el placer que le proporcionaba su propio sexo, en paralelo al que obtenía con su esposa, por ejemplo?

Heterosexual, bisexual, homosexual; categorías con una carga emocional y social tremenda, que te precipitan a pertenecer a una de ellas, a encajar en sus parámetros. ¿Qué sucede cuando tus necesidades físicas y emocionales te impulsan a representar más de uno de estos roles? Como miembros de una sociedad debemos ser coherentes y congruentes, pero muchas veces somos todo lo contrario: incoherentes y contradictorios.

¿Tú crees que Eduardo debió "salir del clóset" cuando pudo hacerlo? ¿Pensar "no debo tener miedo de aceptarme como soy"? ¿O acaso tenía otras opciones?

9. Papás, ¡atención con sus hijos!

Hace unas semanas visité la Casa Hogar Nace con el fin de entrevistar a las chicas (y los chicos) para la sección que conduzco en el programa *Con sello de mujer* con la doctora Lizi Rodríguez. La sección se llama justamente "Las reglas del amor" y en ella, al igual que en este libro, damos consejos a las mujeres que solicitan nuestra ayuda.

Ahí conocí a muchos jóvenes que necesitan información, amor, interés y ayuda de todo tipo. Al finalizar la sesión les pregunté a las chicas si querían relatar su historia para mi nuevo libro; así podrían ayudar a otras que también hayan vivido momentos difíciles. Hubo varias voluntarias y, si bien todas las historias son conmovedoras, ésta que compartiré es muy triste y fuerte. Por eso, papás, ¡atención con sus hijos!

Mi nombre es Julieta Ramírez O. y en estas líneas quiero contarles mi vida.

Recuerdo que cuando era niña y aún vivía con mis padres todo era color de rosa. En mi familia todo era normal y fluía como en cualquier otro hogar, con sus altas y bajas. Pese a cualquier circunstancia adversa, éramos unidos y se respiraba amor en nuestro entorno.

Recuerdo mi infancia a partir de los cinco años de edad. Yo acudía al jardín de niños y mi hermana mayor a la primaria. Mi mamá estaba embarazada y me hacía feliz pensar en la llegada de mi futuro hermanito; deseaba que fuera varón.

No me gustaba mucho ir a la escuela, pues, aunque yo entraba a las nueve de la mañana y mi hermana a las ocho, como mi madre ya se cansaba fácilmente, tenía que levantarme más temprano y esperar una hora solita a que abrieran las puertas del *kinder*. Eso nunca lo voy a olvidar.

Pasado un año entré a primero de primaria, el cual disfruté más porque ya no tendría que esperar sola en la puerta del kinder; ahora entraba a la misma hora que mi hermana. Era buena niña y sacaba magníficas calificaciones; es más, hasta formaba parte de la escolta y mi maestra, Rosa María, me consentía mucho.

Llegó el momento de celebrar el festival de fin de año en la escuela y yo estaba encantada porque me tocaba bailar. Mi mamá me vistió como artista, me colgó todo lo que encontró y le pidió a una amiga que me prestara unas botas porque yo no tenía zapatos para el baile. El festival salió de maravilla; al final entregaron las boletas y mi mamá nos felicitó porque terminamos muy bien el año. Llegamos a casa mi mamá, mi hermana y mi hermanito (que, en efecto, fue niño). Al caer la noche llegó mi papá, mi mamá le enseñó nuestras calificaciones y él quedó muy satisfecho. Mis papás se llevaban perfectamente y aún éramos —o parecíamos— una familia que vivía con armonía.

El segundo año de primaria lo pasé igual de bien que el primero y cuando ya estaba avanzado el tercer grado, mi vida, hasta entonces sin alteraciones, empezó a cambiar. A mediados de año entró al salón Carlos, un niño de diez años de quien me hice su mejor amiga, aunque yo sólo tenía ocho. Cuando salíamos de la escuela él iba a mi casa a comer, pasar la tarde y hacer la tarea. Otras veces yo iba a la suya, pues vivíamos a dos cuadras de distancia. Teníamos una amistad ¡preciosa!

Como nos llevábamos tan bien, para mí prácticamente éramos novios. Un día, durante el recreo, me llevó a uno de los salones; creí que se me declararía o me daría un beso, ¡qué sé yo!, pero estaba nerviosa. El salón se encontraba en la parte trasera de la escuela, donde nadie podía vernos y el hecho de encontrarme sola con él ahí me puso a temblar.

De pronto sacó un papel periódico doblado y cuando lo abrió vi que contenía un montoncito de hierbas verdes. Mi amigo sacó un papelito blanco, puso la hierba en él, la enrolló en el papel como si fuera un cigarro, lo prendió y fumó de él varias veces. No entendía por qué lo hacía, pero me pareció divertido verlo actuar como todo un señor. Me preguntó con un gesto si quería y en ese instante, sin pensar, tomé una decisión que me arruinaría la vida: estiré la mano y fumé. Enseguida comencé a sudar y me dio mucho sueño. Terminado el recreo regresamos a clase y por el efecto de lo que había fumado ya no pude prestar atención. De regreso en casa lo único que recuerdo es que dormí toda la tarde.

Transcurrieron los días, las semanas y los meses; pasé a cuarto, a quinto, y seguía fumando esa hierba que se conoce como mariguana, claro, todo a escondidas de mi familia.

Cuando estudiaba quinto de primaria, mi casa era una revolución. Mis padres ya no eran los mismos, peleaban todo el tiempo. Mi papá no era más aquel hombre bueno que llegaba al hogar con una sonrisa a recostarse y ver televisión con nosotros. No, ahora era un alcohólico que bebía desde el viernes hasta el domingo sin parar. Mi madre, entristecida, veía que su familia se venía abajo, que su hogar se destruía. No quería ni pensar en qué pasaría si se enteraran de que su hija era una drogadicta. Eso habría sido el fin de lo que quedaba de mi familia.

Como era de esperarse, ya no era la niña estudiosa de antes; me volví irresponsable, no hacía las tareas y no estudiaba para los exámenes. Lo que se mantenía igual era mi relación con Carlos.

En sexto grado mi conducta empeoró y, aunque mis padres comenzaron a sospechar que algo raro me sucedía, no hicieron gran cosa.

Mi papá seguía embriagándose cada vez con mayor frecuencia y ya no nos daba lo suficiente para seguir estudiando, tanto que yo asistía a la escuela con los zapatos rotos. Mi madre, que poco a poco se convertía en una mujer neurótica, decidió entrar a trabajar y estudiar enfermería y después cultura de belleza. Hacía lo necesario para proveernos lo que nos hiciera falta a mis hermanos y a mí.

Al terminar la primaria fui a casa de uno de mis compañeros dizque para festejar el fin de curso, pero no fue así, mi intención era drogarme hasta no poder más.

Cuando mi madre me vio se dio cuenta de que algo estaba mal; yo lo negué con insistencia, pero sus sospechas aumentaron.

Durante las vacaciones tuve que dejar de drogarme porque ella siempre fue muy estricta y no nos dejaba salir de casa. Pero, como ya estaba tan habituada a ella, cuando pasaba un buen rato sin droga sentía que me volvía loca.

Ingresé a la secundaria y no me quedé en la que yo quería; mi madre me cambió a la misma a la que acudía mi hermana ¡y ahí todo siguió cuesta abajo!

Un día el profesor de historia nos encargó que realizáramos un trabajo en equipo, así que le avisé a mi padre que iría a casa de una compañera a hacerlo. Él me dio permiso, me advirtió que no llegara tarde y que él le avisaría a mi mamá. Tomé mis útiles, salí de la escuela y me dirigí en microbús a la parada de autobús donde quedé de ver a mis compañeros; de ahí iríamos todos juntos a la casa donde haríamos el trabajo. Nunca imaginé lo que sucedería.

Bajé del microbús y caminé con mis compañeros hacia un puente por el que debíamos cruzar y cuál no sería mi sorpresa al ver debajo del dichoso puente a mi madre abrazada de otro hombre. Me quedé callada y sin aliento; sólo atiné a dar media vuelta, tomar de nuevo el microbús y marcharme directo a casa. No sabía qué hacer, si quedarme callada o contarle a mi padre lo que había visto. Después de mucho pensarlo, decidí que tenía que decirle la verdad.

Cuando hablé con él se quedó callado, no preguntó nada, no respondió nada. Guardó silencio un buen rato hasta que llegó mi mamá. Empezaron a discutir y él la corrió de la casa. Ella empacó un poco de ropa en una bolsa y se fue.

Yo me sentí muy mal, lloraba sin parar, agobiada de culpa por lo sucedido. Entonces me refugié de nuevo en la droga. Me salí de la casa y no volví en semanas. No iba a la secundaria, pasaba todo el tiempo en la calle drogándome con mis "amigos". Comencé a usar cocaína y mi adicción iba en aumento.

Durante un año no supe nada de mi mamá. Después ella se enteró de que yo no iba a la escuela y que en mi casa todo era un desastre, así que decidió llevarse a mi hermano.

En esa época conocí a una señora llamada Mary, que fue como una madre para mí. Le conté que ya no podía más con mi adicción y me llevó a un grupo de Alcohólicos Anónimos para que me ayudaran. Me quedé internada tres meses, pero fue inútil; al salir volví a drogarme de inmediato. No cambié en absoluto.

A los once años de edad ya me dedicaba a robar y me hice novia de un muchacho que vendía droga.

Mis padres, hartos de mí, me internaban constantemente en Alcohólicos Anónimos, pero era inútil. Siempre que salía, corría por droga, pues la necesitaba para vivir. Mi novio, adicto antes de conocerme, contrario a lo que podría esperarse, dejó los estupefacientes y comenzó a alejarme de ellos y del alcohol. Libres ya de esas terribles ataduras empezamos a llevarnos cada vez mejor y tuvimos nuestra primera relación sexual.

Yo tenía once años y él quince. Recuerdo que durante una larga temporada convivía mucho tiempo en su casa con su mamá y sus hermanos. Cumplí catorce e, ilusionada, le conté que soñaba con mi fiesta de quince años, la cual empezamos a preparar. Acostumbrábamos estar juntos en las fechas importantes, como la Navidad, que él pasó en mi casa, y el 31 de diciembre, cuando yo lo acompañé en la suya. Esa noche fue aciaga, pues él, que estaba "limpio" desde hacía mucho tiempo, en esa ocasión me dejó ahí con sus hermanos para regresar horas más tarde completamente drogado.

Por desgracia, siguió con ese terrible hábito y yo me sentí muy decepcionada, pues nunca pensé que él, que me sacó de ese mundo, sería más débil y caería otra vez en lo mismo. Un día que estaba completamente drogado, me besuqueó por todas partes y me preguntó si quería hacer el amor. Mortificada por verlo en ese estado, le contesté que no. Él se enfureció tanto por mi negativa que me gritó, me golpeó y me violó. En esos momentos lo odié, pero no logré reaccionar, en realidad no supe defenderme.

Después de ese amargo incidente él continuó visitándome en mi casa como si nada hubiera pasado. En ese entonces yo ya veía a mi madre, nos visitábamos aunque mi papá se molestara.

Pasados tres meses le dije a mi novio (cuyo nombre prefiero omitir) que estaba preocupada porque no me bajaba la menstruación. Acudimos a un médico y quedé en estado de auténtico *shock* al enterarme de que ¡tenía tres meses de embarazo! Cuando salimos del consultorio él me sugirió que me hiciera un aborto y en verdad, pese a que sus palabras me dolieron, pensé que, dada mi corta edad —aún no cumplía los quince—, tal vez sería lo mejor. Pero, confundida, no me decidí.

Mis padres no sospechaban nada y durante varias semanas yo quedé paralizada, sin saber cómo actuar ante lo que me sucedía. Por su parte, mi novio empezó a alejarse de mí; ya no era el mismo que me visitaba a diario antes del embarazo; ahora lo hacía muy poco.

Por toda esa angustia que no podía controlar caí de nuevo en las garras de las drogas, aunque en menor medida... si es que hay alguna medida en ese descenso al abismo.

Cumplidos los seis meses de embarazo ambos decidimos informar a mi mamá, que trabajaba como mesera en ese entonces. Al decirle que teníamos que hablar con ella de algo importante, pidió permiso para salir un momento. Mi novio le explicó la situación y mi pobre madre no podía creerlo; tan sólo nos advirtió que un hijo era una responsabilidad muy grande y que ahora nuestras vidas serían por completo diferentes.

Después de la breve conversación, mi novio me aseguró que él se haría responsable de mi bebé, que no me preocupara. No obstante, yo intuía que algo andaba mal, ya que al llegar a casa intenté darle un beso de despedida, pero él se hizo a un lado y puso la mejilla.

Al día siguiente, como confirmación de mi sensación tan negativa, llegó a la casa para comunicarme que ya no quería saber nada de mí, que terminábamos y le hiciera como pudiera. Después de destrozarme el alma con sus palabras, sin más ni más salió casi corriendo.

Fue un golpe muy fuerte para mí; no comía nada, me sentía extremadamente desganada y deprimida. Mi mamá lo demandó pero fue inútil, las autoridades no hicieron nada. Ella no soportaba verme así y decidió llevarme a su casa donde, una vez más, recibiría yo una gran sorpresa. Nos abrió la puerta el mismo hombre con quien la vi años atrás debajo del puente. Aunque había insistido en explicarme, yo nunca quise escucharla. Ahora, me enfrasqué de nuevo en una acre pelea con ella y la amenacé con que nunca lo aceptaría.

Por fortuna, luego de un mes, cuando ya me llevaba bien con mi padrastro, di a luz a una bella niña a los siete meses de gestación.

Mi padrastro se encargó de todos los gastos y de que no le hiciera falta nada a mi hija.

Recuerdo que cuando me la enseñaron le di un beso, me sentí la mejor mujer del mundo, le pedí a Dios que perdonara a su padre y me desmayé.

Cuando desperté en el cuarto del hospital me acompañaban mi hermana y mi mamá, quien me pidió que cambiara por mi hija. Yo le juré que lo haría porque ahora sentía lo que era ser madre. Llorando, me abrazó con fuerza y me dijo que podía contar con ella siempre, en las buenas y en las malas.

Dos días después salí de la clínica y volví a casa de mi madre, donde guardé reposo muy poco tiempo para incorporarme más adelante a trabajar con ella como mesera. Ya no me drogaba y cuando llegábamos del trabajo nos quedábamos en casa cuidando a mi niña.

Cuando ésta cumplió dos meses fui a buscar a su padre para que la conociera, pero él no quiso.

Un mes después decidí ir a vivir de nuevo con mi papá, pero —y aún no puedo explicar la razón— en el momento en que lo hice me dio por regresar a la calle. Ahí me topé con Javier, amigo del padre de mi hija, quien la conoció y después de un tiempo me prometió que él nos protegería, pues se había encariñado con ambas. Nos hicimos novios y a los dos meses decidimos vivir juntos, pero mi mamá no estaba de acuerdo y el papá de mi hija armó un escándalo.

De todas formas, la relación duró apenas dos meses. Javier, adicto a la mariguana, constantemente me golpeaba y me gritaba que no tenía que hacerse cargo de mi hija porque no era de él.

Yo me sentía muy mal y de nuevo me refugié en la droga. El problema se agravaba, pues mi adicción era cada vez mayor; ya no sólo usaba mariguana y cocaína, ahora probaba otras cosas más fuertes y, para colmo de males, frecuentaba a muchachos mucho más grandes que yo que se dedicaban al robo de autos.

Comencé a robar con ellos y con mi hija —porque la traía conmigo en la calle de arriba abajo, pasando hambre y frío— de cinco meses. Un buen día me agarró la policía y fui a parar al tutelar por casi un año.

Al salir no regresé a casa sino a las calles donde vivía antes; desesperada por no tener suficiente droga en el cuerpo y por carecer de dinero para adquirirla, decidí prostituirme. Así la cocaína se convirtió en mi desayuno, comida y cena.

Pero si algo he de agradecerle a mi madre es que nunca se cansó de buscarme. Día tras día recorría las calles, junto con mi hija, hasta que una mañana que estaba sentada en la banqueta sentí que alguien me tocaba en el hombro. Alcé la vista y vi a una señora (mi mamá) con lágrimas en los ojos y una niñita (mi hija) en brazos.

Derrotada, le supliqué que me ayudara, que me ingresara de nuevo al grupo de AA y así lo hizo. Como resultado dejé las drogas por un tiempo.

Mientras estaba en el grupo, mi hija Yohaly cumplió un año y mi mamá pidió que me dejaran salir para estar con ella en esa ocasión, la cual aprovechamos para llevarla a bautizar a la Basílica. Mi madre organizó una reunión en su casa con varios amigos suyos, que tomaron hasta no poder más y, aunque a mí se me antojaba muchísimo, estaba consciente de que no podía, más bien, no debía hacerlo, y logré contenerme.

Al acabar la fiesta ingresé de nuevo en el grupo y poco después terminó mi proceso. Pese a que volví a casa, no me sentía a gusto por la responsabilidad tan grande que mi hija representaba.

Incapaz de asumir esa carga, no pude más y salí de nuevo para irme a vivir a la calle. Sé que resulta paradójico, pues apenas unos meses antes rogaba que me internaran y me sacaran de ese ambiente. Pero es que ya me gustaba más que mi casa; me causaba placer sentir el chorro de adrenalina cuando me drogaba de nuevo; me agradaba ver cómo la noche se volvía día y el día se volvía noche aunque, claro, cuando ésta llegaba no conciliaba el sueño, porque me aterrorizaba que me pegaran o me violaran.

Por las mañanas, sin un peso en la bolsa, desfallecida de hambre, con la droga como único alimento en el cuerpo, no me quedaba más que acercarme a un puesto de comida y estirar la mano para ver si me regalaban algo. Como era de esperarse, lo que recibía eran malos tratos; de todas partes me corrían porque olía muy mal. Entonces, tenía que recurrir a trabajar con los que vendían droga para poder sacar algo con qué comer y bañarme.

En la calle enfrenté muchas cosas que me hacen agradecer a Dios haberme dado vida para contarlas. Un día una de las que yo creía "mis amigas", completamente drogada al igual que yo, discutió conmigo y en un arranque de ira me hirió con una navaja en el cuello, el brazo, el ombligo y la espalda. En ese momento, como en cámara lenta, pasaron por mi mente imágenes mías tirada en la calle, desangrada, y de mi familia, sobre todo de mi hija. Pensé que nunca volvería a verlos. Sin embargo, con todo y el susto, no fui a un hospital a que me curaran y, herida, seguí drogándome para contrarrestar el dolor.

A los dos días fui a ver a mi madre. Se angustió mucho al verme así y quiso llevarme de inmediato al doctor, pero yo me negué; sentía que merecía lo que me había sucedido.

Mi mamá me suplicó que me quedara con ella y no quise. Discutimos y, muy enojada, me marché. Creía que su intención era controlarme; no entendía que lo hacía para salvarme de mí misma y para que le dedicara más tiempo a mi hijita.

Durante más de un año mi familia no supo nada de mí ni yo de ellos; entonces vivía en la Terminal de Autobuses Central del Norte.

Una vez fui con Gaby, mi única amiga, a drogarme a su casa todo el día y toda la noche. Por la mañana ella estaba con un hombre que no sé de dónde salió y fuimos con él a su casa a seguir drogándonos. Ahí conocí a un amigo suyo que me dijo que si quería droga debía tener sexo con él. Mi abyección era tal que accedí. No me importaba, era lo de menos, siempre y cuando pudiera "sentirme bien".

En el camino de regreso a casa de Gaby, mientras se detuvieron a comprar un refresco "para ellos", le dije a mi amiga que yo me quedaba ahí. Cansada, sucia y hambrienta, caminé sin rumbo para luego sentarme en una banqueta. Muy flaca y débil, pedí limosna para comprar algo de comer. Caminé y caminé hasta percatarme de que estaba ante la puerta de la casa de mi hermana. Cuando me abrieron lo primero que observé fue a mi hija sentada en un sillón, la cual al verme me llamó "mamá" y me estiró los brazos. Mi hermana, sin importarle mi lamentable estado, me abrazó muy, muy fuerte y rompió en llanto, y yo con ella.

Le dije que tenía hambre y sueño, aunque temía que mi mamá llegara cuando me quedara dormida y quisiera volver a internarme. Después de comer me desplomé en el sofá. El roce de una mano en mi hombro me despertó; era mi mamá. Comenzamos a hablar, lloramos y mi hija nos miraba sin entender qué pasaba. Mi madre me pidió que me internara de nuevo y yo acepté porque sentí que si seguía así moriría muy pronto. Mi hermana me dio ropa y salimos rumbo al grupo, pero mi mamá no quiso que regresara al mismo lugar. Me preguntó si estaría dispuesta a ir a otro sitio del que le habían hablado, una casa hogar, a lo que respondí que sí.

Así llegué aquí, donde hasta el día de hoy llevo un proceso de cambio de actitudes. En verdad me están ayudando. Sé que mi madre me apoya y no pierde las esperanzas de que voy a rehabilitarme. Por eso ahora pertenezco a esta asociación que lleva por nombre Nace. Su objetivo es ayudarme y yo estoy dispuesta a cambiar.

Ahora tengo dieciocho años y no quiero seguir viviendo como lo he hecho. Sé que necesito madurar para recuperar a mi familia y a mi hija, porque la vida es prestada, no eterna. Y sé que nueve años de vivir en un mundo de drogas y alcohol es algo muy difícil de superar, pero estoy firmemente convencida de que lo lograré.

Mi mensaje para ti es que no pongas excusas ni pretextos para internarte en el infierno de las drogas. Éstas no te dejan nada bueno, en lugar de alejarte de tus problemas te buscas más y es sumamente difícil encontrar la salida. Por favor, ¡no destruyas tu vida!

Julieta Ramírez O.

Un diálogo a manera de análisis

En esta sección abordaremos el terrible mundo de la drogadicción en los niños y adolescentes, que por desgracia ha proliferado y se ha extendido como una plaga mortal. Juancarlos habla de la necesidad de que los padres enseñen a sus hijos desde pequeños a diferenciar lo que está bien de lo que está mal.

—¿Qué opinas de la vida tan difícil que ha llevado Julieta, Juancarlos?

—Es muy triste saber que éste no es un caso aislado; miles de niños y jóvenes, de ambos sexos, caen presas de personas sin escrúpulos que sin tocarse el corazón les ofrecen todo tipo de drogas. Uno de los ámbitos más comunes donde esto sucede es la escuela. A Julieta la inició un compañero de diez años de edad que con toda seguridad fue víctima también de alguien a quien sólo le interesaba ganar dinero, aunque en el proceso destruyera la vida de una criatura.

—Si una situación así te apena cuando se trata de un adulto, imagínate la gravedad tratándose de pequeños de ocho y diez años. ¿Qué vida les espera?

—Lamentablemente, el panorama es bastante preocupante. El caso de Julieta tiene componentes que se encuentran en cualquier familia disfuncional: padres muy ocupados con sus propios problemas como para darles tiempo de calidad a sus hijos, alcoholismo, maltrato físico y psicológico, infidelidad, entre muchos otros conflictos. Todos éstos son factores que contribuyen a que cualquier niño o niña sufra desórdenes y caiga en extremos autodestructivos, como recurrir al uso de estupefacientes pretendiendo evadirse de los problemas que viven en casa.

—Como profesional, ¿qué aconsejas para detectar a tiempo una situación de este tipo?

—Los expertos en el comportamiento humano continuamente les recordamos a los padres sobre los cambios de carácter y de comportamiento que experimentan los niños durante las diferentes etapas de su desarrollo. Con respecto a Julieta, lo que podría esperarse que hiciera a los ocho años sería ir a la escuela, hacer la tarea y jugar con sus amigos. Eso es lo que una niña de esa edad debe hacer, nada más. Cualquier otro tipo de comportamiento debe ser evidente para los padres e impulsarlos a investigar qué sucede en la vida de su hija. Los padres de Julieta, sin embargo, ocupados con la bebida o los pleitos, obviamente no tuvieron tiempo de calidad para dedicarle a su hija.

—Entonces, ¿podríamos decir que, más que nada, fue responsabilidad de los padres?

—Es difícil afirmarlo de manera categórica. Yo, que también soy padre, sé cuán difícil es educar a nuestros hijos, cuidarlos y cerciorarnos de que están bien en todos los aspectos. Nadie se aventuraría a aseverar que ser padre es fácil. Sin embargo, sí estamos obligados a pasar tiempo con nuestros hijos para conocerlos con la mayor profundidad posible y así darles las herramientas necesarias para ayudarse a sí mismos y llegar a ser seres humanos positivos.

—¿Qué señales debieron haber observado en el comportamiento de Julieta para tomar las medidas preventivas apropiadas?

—Ella nos cuenta que a los ocho años empezó a fumar mariguana mientras sus padres peleaban o se embriagaban. ¿Acaso nadie se dio cuenta del comportamiento extraño de Julieta? La mariguana te causa, entre otros síntomas, depresión, hambre o falta de apetito, aislamiento y, sobre todo, un cambio notorio de carácter. Si visualizamos a una niña de escasos ocho años fumando un cigarrillo que le dio otro niño de diez, cabe preguntarse: ¿no hubo ningún adulto responsable que le hubiera advertido que los niños no deben fumar ni tomar absolutamente nada que no conozcan? Está claro que no. Nadie le informó de las tentaciones que podría encontrar en la calle y también en la escuela.

"¿Sabías que las tentaciones más grandes para los niños y adolescentes se les presentan en la escuela, más que en cualquier otro lugar? En efecto, el mismo lugar a donde acuden para ser educados en las artes de la vida es justo donde encuentran lo que podría destruirlos. ¡Qué ironía!

"Tú, querida lectora, lector, ¿te habías puesto a pensar en esto? No sé si eres padre o madre, pero quizás eres hermano o hermana de alguien menor que tú. De ser así, te exhorto a que le hables a esa personita que dejas en la escuela todos los días sobre las tentaciones que puede recibir provenientes aun de sus mejores amigos. Si no lo haces, dejarás a ese ser querido sin el apoyo indispensable y a merced de seres sin conciencia. No olvides que la sociedad tiene dos caras, una puede ser muy bella y la otra estar plagada de enseñanzas inapropiadas y hasta mortales para los menores.

"En varias ocasiones he estacionado mi auto frente a una escuela primaria o jardín de niños para observar el comportamiento de los alumnos y de los padres. ¿Sabes qué he notado? Los padres dejan a sus hijos en la escuela sin cerciorarse de que entren. Se limitan a orillar su auto, abrir la puerta y casi empujar al niño para que salga porque posiblemente se les ha hecho tarde para llegar a trabajar. En cuanto el niño sale del auto arrancan a toda prisa sin mirar siquiera por el espejo retrovisor, como si su trabajo de padres responsables terminara ahí. Piensan que se interrumpe mientras trabajan y continuará horas más tarde cuando recojan a su hijo de la escuela."

—Entonces, ¿cuál es la actitud más recomendable para evitar estos riesgos innecesarios?

—El trabajo de padre o madre dura veinticuatro horas al día, los siete días de la semana. *No* me refiero a que debas estar con tus hijos cada instante, sino a que cuando se encuentren en otro sitio te cerciores de que estén bien. Es sumamente importante hablar con frecuencia con sus maestros y verificar que hagan bien su tarea. Si no puedes ayudarlos a realizarla, busca apoyo; en algunas ciudades o colonias hay grupos de tutores, talleres de tareas o estaciones de radio que lo brindan. Pon en contacto a tus hijos con personas que puedan ayudarlos a ser mejores estudiantes.

—¿Qué papel crees que juega la formación escolar en los casos de adicciones?

—Hoy en día tener una educación universitaria es de enorme importancia para que los jóvenes tengan más oportunidades de triunfar. Un informe de 1999 de la Universidad de Harvard —una de las más prestigiadas del mundo— puso de manifiesto que en muchos países, para que una persona pueda conseguir un empleo que le dé solvencia y posibilidades de estabilidad económica y social, necesita estudiar por lo menos una maestría. Es decir, ya no es suficiente terminar una carrera sino obtener un posgrado. En efecto, hay un sinnúmero de carreras técnicas y oficios que nuestros hijos pueden aprender, y muchos de estos trabajos son bien pagados y reconocidos. Pero yo siempre recomendaré que vayan a la universidad. Eso sí, debemos prepararnos económicamente y en otras áreas para poder ofrecerles estas oportunidades.

—Me pareció muy interesante lo que observaste en la entrada de las escuelas, Juancarlos. Cuéntame un poco más al respecto.

—Me di cuenta también de que al menos siete de cada diez estudiantes no entraban enseguida, sino que se iban a charlar con sus amigos a veces hasta por treinta minutos, aun cuando ya tendrían que estar en su salón de clases. ¿De qué hablaban? No lo sé. Lo que sí sé es que durante este tiempo se les acercan ciertas personas para ofrecerles drogas y otro tipo de cosas que los muchachos y los niños no deberían consumir, como los cigarrillos o el alcohol.

"¿Sabes cómo inducen a los menores a usar drogas? Obviamente no se las venden porque los traficantes saben que los estudiantes no tienen dinero y que no van a conseguirlo para algo que no necesitan. ¿Qué es lo que hacen? Muy sencillo, les regalan la droga hasta que los vuelven adictos y luego dejan de hacerlo. Si la quieren, entonces tendrán que comprarla y como no cuentan con dinero se ven en la penosa necesidad de robar, trabajar para los traficantes o simplemente prostituirse.

"Cuando llegó la hora de la salida de la escuela, me di cuenta de que muchos padres, tal vez sesenta por ciento de ellos, no llegaban a tiempo a recoger a sus hijos. Algunos se retrasaron hasta una hora o más. En esos momentos corren también el riesgo de que se les ofrezcan drogas de todos colores y sabores.

"A otros niños o adolescentes nadie los lleva o recoge; llegan y se van solos, ya sea en autobús o caminando. Si además no se les da una educación firme y constante en casa, son muchas las posibilidades de que se conviertan en una estadística, de que pasen a engrosar las filas de millones de niños que viven en las calles del mundo."

—¿A qué te refieres con darles una educación firme y constante?

—Si la educación que tus hijos reciben en el hogar no es más fuerte e influyente que la que les brindan en la escuela, podrías sentenciarlos a tomar malas decisiones en la vida. Un dicho muy sabio reza: "Instruye al niño en su camino y cuando fuere viejo nunca se apartará de él". Te lo repito, madre o padre de familia, tu influencia debe pesar mucho más que la de la escuela o aun de la iglesia. No es obligación de estas instituciones educar a nuestros hijos en la moralidad, el comportamiento apropiado y las buenas costumbres. Eso te corresponde a ti. Si pensabas lo contrario, estás equivocada(o).

"Si, por otro lado, educas, instruyes y disciplinas a tus hijos de una manera amorosa, constante, cuando se enfrenten a la mayor tentación siempre recordarán tus enseñanzas y consejos. Dispondrán así de muchos más elementos para decir "no" a la oferta de usar drogas.

—Me parece que es difícil la labor de los padres, en particular en nuestros días.

—Lo es, pero si te propones aprender a serlo verás que, aun con los problemas e inconveniencias que encares, también recibirás muchas satisfacciones.

—Volviendo al caso de Julieta, ¿crees que ha recibido la ayuda suficiente para salir de su problemática?

—La historia de adicción a las drogas de Julieta es lamentable y tormentosa. Por fortuna, encontró y aprovechó los programas de AA y de Narcóticos Anónimos. Es una verdadera bendición que existan organizaciones de este tipo orientadas a ayudar a personas como ella. Sin embargo, quiero hacer hincapié en que éstas y otras organizaciones similares no cuentan con el factor más importante para sanar a las personas que, como Julieta, se pierden en la vorágine de una búsqueda que parece eterna. El factor al que me refiero se llama "amor, compasión y paciencia por parte de tu familia". Hay que participar en los programas mencionados a manera de complemento. Pero su familia y las personas cercanas constituyen la fuente fundamental de salud mental, psicológica y hasta espiritual para personas como Julieta. Así como su mamá le ayudó —aun cuando ella misma con su comportamiento contribuyó a la mala formación de la joven—, es importante que tú también ayudes con tu tiempo, amor y paciencia a aquellos que por malas decisiones y mala educación han caído en las fauces del vicio.

—Siempre he pensado que la mejor actitud al tratar a adictos a alguna droga es no ser demasiado críticos con ellos porque sólo provocaríamos que se alejen más. ¿Qué opinas?

—Es atinado tu comentario. Lo más recomendable es no criticar, no juzgar ni darse baños de pureza. Haz todo lo que esté a tu alcance para ayudar a que esa persona cercana a ti logre salir del alcohol o las drogas. Todos tomamos decisiones erróneas en la vida y a veces algunas consecuencias de nuestros actos son más serias que otras. Sin embargo, espero que la historia de Julieta haga reflexionar y pensar a los lectores en su obligación y responsabilidad como padre, madre, hermano, hermana, amigo o amiga.

"El espíritu humano es fuerte y, aunque a veces se tambalee, es inquebrantable y nunca será doblegado a menos que no recurras a quienes te rodean. Si tienes problemas, por favor busca ayuda. Nunca estarás solo, ni siquiera en la más profunda soledad. No olvides que, sean cuales sean tu afiliación religiosa o tus creencias espirituales, tu creador —llámale Dios o como quieras— vive dentro de tu misma esencia. Eres una persona especial y como tal mereces vivir. No te conformes con las miserias y las migajas que la sociedad te ofrece. Lucha por ser lo mejor y como consecuencia recibirás siempre lo mejor."

Para reflexionar

Al abordar el tema de la vida familiar y de los problemas que ésta conlleva, suele llegarse a la conclusión de que los padres se sienten dueños de sus hijos y quieren hacerlos a su imagen y semejanza. Incluso, con una actitud que puede resultar perjudicial, desearían que realizaran todos los logros y metas que, por distintas razones, ellos en lo personal no pudieron alcanzar.

Sin embargo, mientras los hijos son pequeños, necesitan la guía y la protección de un adulto que los ame y, ¿quiénes mejor que los padres para proporcionárselas? El conflicto se presenta cuando éstos no consiguen o no están dispuestos a apoyar a esas personitas que están en plena formación y buscan su lugar en el mundo.

Tú, querida madre o padre de familia; tú, lector(a) que aún no tienes hijos, ¿has reflexionado en cómo y cuánto te apoyaron tus padres en tu infancia y tu adolescencia? ¿En las ocasiones en que se sentaron a hablar contigo de cuán importante eras para ellos? ¿En los consejos que te dieron para que aprendieras a cuidarte en el sitio donde te encontraras o con la persona que estuvieras?

Si en realidad se te brindó ese apoyo, fuiste muy afortunada(o) y es crucial que, de la misma manera, se lo ofrezcas a tus hijos; basta con que te lo propongas.

Pero, ¿qué pasa si careciste de él? ¿Cómo puedes orientar a esas criaturas que dependen de ti casi por completo? ¿Consideras que tu amor por ellos te señalará el camino apropiado para ayudarlos a crecer en forma sana y positiva?

¿Qué parte del juego de la vida, de las reglas del amor, queda a cargo exclusivamente de este sentimiento y qué parte corresponde a la responsabilidad, la autoridad y la disciplina en su educación?

¡Qué difícil es encontrar ese equilibrio!, pero es labor de los padres luchar por adquirirlo o bien, aprender de la experiencia de otros cuando en el futuro nos toque desempeñar ese papel.

En esta época las adicciones se ciernen como una negra nube sobre el cielo claro y límpido al que nuestros niños y jóvenes tienen derecho. Si ellos aún no son capaces de mantenerlo así, ayudémoslos a hacerlo.

¿Qué te parecen las siguientes preguntas para que una madre o padre de familia las analice con sus hijos apenas éstos tengan la capacidad necesaria para hacerlo? Reflexiones de este tipo serán de gran utilidad para prevenir que los menores caigan en las garras de los estupefacientes como sucedió con Julieta.

¿Quién soy?

¿Qué debo hacer?

¿Por qué debo hacerlo?

¿Qué problemas o sufrimientos me evito al actuar así?

¿Para quién soy importante?

¿Qué quiero llegar a ser?

¿Cómo puedo lograrlo?

¿A quiénes debo acudir cuando necesito ayuda?

¿A quiénes debo elegir como amigos?

Si algo de lo que éstos hacen me parece extraño, ¿qué debo hacer?

Si logramos a buen tiempo que los menores aprendan a pensar antes de actuar —no hablamos precisamente de inducir en todo momento su conducta, pues ya sabemos que a la infancia y la adolescencia las caracteriza la espontaneidad, sino de encontrar siempre el sentido positivo de las cosas—, habremos dado un paso fundamental.

Si bien es cierto que las costumbres de las familias son muy distintas entre sí y es difícil intentar establecer un estándar de conducta en este ámbito, ¿coincides en que es urgente por lo menos que todos los padres y madres busquen las alternativas posibles para que sus hijos sean seres humanos de la mejor calidad?

Las estrategias óptimas al tratar con nuestros seres queridos nacen en el corazón, pero también hay que poner a funcionar nuestro cerebro. O, ¿qué piensas tú?

10. Chicas solas

*Así como las ves, como simples muñequitas
de papel
con una linda sonrisa, y por dentro tan vacías,
andan repartiendo besos, para ver ¿quién es?
Así como las ves, que pudieran conquistar a más de
diez,
viven solas cada día, envidiadas por la vida
y andan repartiendo "eso" para ver ¿quién es?
"Chicas solas", tan hermosas,
por dentro y por fuera,
y no hay quien las quiera.
"Chicas solas", tan hermosas,
cuál es el precio pagado
por un cuerpo moldeado
que olvidó que eso no es suficiente
para el amor.*

Ésta es parte de una canción que escribí años atrás y la recuerdo ahora porque se la he cantado a algunas amigas que con sus experiencias me hacen pensar en ella de nuevo.

Sí, las mujeres de hoy estamos más solas que nunca. ¿Por qué? ¿Faltan hombres? ¿Somos nosotras? ¿O qué sucede? ¡Que alguien nos lo diga, por favor!

Y esta escasez de parejas masculinas se aprecia en todas las edades, no sólo nos pasa a las más maduritas sino también a las adolescentes.

Hace un par de semanas me reuní con cuatro amigas: Camila, Valentina, Yamilé y Bety, y platicamos sobre temas diversos; como es natural, poco después llegamos al punto ineludible y neurálgico, podríamos decir, de las situaciones que vivimos día con día en el área sentimental, especialmente en nuestras relaciones de pareja.

Para empezar, me gustaría contarles quiénes son mis amigas; así tendrán una imagen de cada una de ellas.

Camila, de treinta años de edad, es divorciada y tiene un hijo de cinco años. En esos momentos era presa de una depresión absoluta porque acababa de terminar con su novio, que es cuatro años más joven que ella. Cabe aclarar que sus relaciones más recientes han sido un tanto tormentosas, por una u otra razón. Nació en Argentina y llegó a México hace diez años. Su matrimonio no funcionó y su ex marido acaba de volver a casarse. Aunque es una mujer muy fuerte que no se deja abatir fácilmente por las adversidades, es lógico que todo esto le ha afectado y se siente muy dolida. Es intensa y explosiva pero hace un esfuerzo enorme para que sus problemas sentimentales no la dañen e influyan de manera negativa en otras áreas de su vida, por ejemplo en el trabajo. Se ha dedicado al modelaje desde muy joven y tiene mucho éxito en ese ámbito, pues es muy profesional. Si las comparara, podría decir que Cami es como Bety, pero con nueve años más; siempre está vestida a la última moda, es extrovertida y muy divertida.

Valentina, de veintiocho años, es solterísima. Sumamente sensible y selectiva, anda en busca del hombre casi perfecto (porque el perfecto no existe), misión prácticamente imposible. Es venezolana y su vida en México ha estado colmada de sorpresas, de amor y desamor, de triunfos y frustraciones. Sin embargo, sigue adelante en su búsqueda. Es una mujer muy trabajadora y apegada a su familia aunque se encuentre lejos de ella. Cada vez que puede va a visitarla a su país. Hace poco recibió una mala noticia: Yamilé regresó de un viaje que hizo a Cuba donde vio a su brujo y le contó una historia un tanto extraña: el brujo le preguntó por Valentina y le dijo que debía realizar un trabajo muy fuerte, pues se trataba de su pasado. Resulta que Vale tuvo un novio venezolano, quien ella siempre ha creído que le hizo un trabajo de brujería, ya que su papá era santero o algo por el estilo. El "trabajito" consistía en que cada vez que ella tuviera relaciones sexuales con un hombre, éste desaparecería de inmediato de su vida. La maldición parece que se convirtió en una amarga realidad, pues esto es lo que ha sucedido en todas sus relaciones. Ella es muy sensual y no creo que haya problema en ese aspecto, aunque no es coqueta ni fácil. Por el contrario, es tranquila y una excelente persona, pero siento que está enojada con la vida, lo cual la hace especial y exigente en muchas cosas. Entre todas nosotras, ella es "la selectiva" y Cami "la intensa".

Yamilé es una guapa cubana, cuyos problemas no consisten tanto en si el galán la ha llamado o no, sino en que tiene dos buenos partidos, dispuestos a disputarse su amor. Pero ella, a sus treinta y dos años, no sabe con quién quedarse. Y es que con uno disfruta de una gran pasión, y con el otro no tanto; pero este otro, con quien vive, le brinda amor, estabilidad y la trata como una reina (lo que muchas quisiéramos, pero ¿por qué será que cuando tenemos algo bueno después ya no lo queremos?). Ciertamente está en una encrucijada, pero compañía no le falta. Su decisión, desde luego, definirá su destino, y es que sería muy difícil encontrar un hombre que reuniera las características que sus dos compañeros le ofrecen por separado. Mientras tanto, ella disfruta de lo mejor de cada uno y le deja al tiempo el tomar la decisión definitiva.

Y por último está Bety, la más joven, de veintiún años, que anda siempre con nosotras, "las abuelitas". En ocasiones me doy cuenta de que se aburre con nuestras charlas y le aconsejo que preste atención porque seguramente pasará por lo mismo en unos cuantos años. Claro, ella es un caso especial: es como el hijo que su mamá siempre quiso tener y no le llegó; es auténtica, rebelde, muy mal hablada, no le teme a nada y si ve a un chico que le guste, se lanza al abordaje sin problema alguno. Le decimos "la chiquita" y vive sufriendo por amor a un novio que tuvo desde los diecisiete años y al cual adora todavía. Es un muchacho bueno de provincia que se portó siempre muy bien con ella, era muy lindo y muy entregado a su relación de noviazgo. Mi amiguita, en cambio, con ese carácter voluble que la caracteriza, no era nada estable con él; terminaban y volvían constantemente, hasta que él maduró y dejó de ser el jovencito ingenuo. Entonces los papeles cambiaron. Ahora ella muere por volver, y aunque sale con otros muchachos, su corazón está con su antiguo amor, quien se hace el difícil. A mí él me ha comentado que ya se cansó de lo mismo y del constante malhumor de Bety, pero aún así creo que todavía la quiere. Nadie sabe lo que va a pasar con ellos.

Ésas son las amigas con las que me reuní esa noche.

Y ¿qué puedo decir de mí? La joven de veintisiete años que antes se enamoraba cada ocho días y sufría si un chavo no le llamaba. Pero ahora soy la "bruja". ¿Por qué? Pues porque soy altamente intuitiva y me gusta leer el tarot, ¿qué tal? Esa nueva habilidad no sólo me sirve a mí, sino a mis amigas; cuando tienen problemas corren a buscarme para que les aclare sus dudas con las cartas. Es un pasatiempo divertido, entretenido y altamente efectivo.

Yo la paso muy bien con ellas y aprendo de cada una; al fin y al cabo, ésas son características importantes de una buena amistad.

La charla comenzó en casa de Camila (la llamamos "reunión de viejas"). Ya se ha vuelto una costumbre de cada semana; lo único que hacemos es beber unas copitas, fumar y "hablar de hombres toda la noche". La mesa parecía exhibidor de teléfonos celulares, todos acomodados encima, por si nuestros adorados tormentos decidían llamarnos esa noche.

Mientras "la chiquita del grupo" nos contaba del chico nuevo con el que sale, Camila vigilaba por la ventana a su "ex", que vive justo enfrente de ella; ¡genial!, ¿no les parece? ¡Qué reto es tener tan cerca a alguien que, además, es el amor de tu vida. Cami está loca; se mudó a ese departamento meses antes de que terminara con él, pero sólo a ella se le ocurre no salirse de ahí después de la tragedia.

Bety seguía hablando del chavito "virgen" de diecinueve años con el que sale y Yamilé le recriminaba:

—Chica, ¿tú qué c...s andas haciendo con un come... de diecinueve años y virgen?

—¡Ay!, ¡es tan lindo!, no sé, me gusta y quiero que su primera vez sea conmigo, ¡le voy a dar una arrastrada que nunca, nunca se va a olvidar de mí!

—No, "güey", no te equivoques, todavía no te vayas a la cama con él, y si lo haces, que no te vea muy experta que digamos —intervine yo.

—Sí —saltó Valentina—, mamita, espérate a ver cómo se porta el chamaquito y cuando te trate como una reina y te haya comprado tus cositas, ya veremos.

En ese momento intervino Cami, que salía del cuarto de su hijo:

—De ninguna manera te aguantes, amiga, él ya está bastante huevoncito y cómo es eso de que sea virgen a sus diecinueve años; aparte, lo vas a marcar para siempre, ese pibe nunca te olvidará.

Después de una copita abordamos nuestros problemas con los hombres y, como era lógico, salió a relucir el tema de los "tamaños". Valentina, "la selectiva", llevaba un año sin tener relaciones con nadie. Nosotros la molestábamos continuamente con que le iban a salir telarañas y se iba a oxidar; tanto que tomó la decisión de hacerlo con alguien que parecía "una muy buena opción". Pero, ¡oh decepción! Después nos confesó que no le causó ni "risa", que era la cosa más pequeña que había visto en su vida, no alcanzaba siquiera el tamaño de un dedo meñique. Por supuesto, no volvió a contestarle las llamadas.

—¡Pobrecito! —opiné.

—No, pobre Valentina —externó Cami.

—Qué mala suerte, chica —comentó Yamilé.

Reímos un poco y continuamos tocando un sinfín de temas que ahora deseo compartir contigo.

Todas andamos en busca del amor, pero la mayoría cometemos un gran error: cuando conocemos a un hombre, de inmediato lo idealizamos, ¡y eso está muy mal! Después de todo, es un ser humano como cualquier otro y si nos empeñamos en verlo como un dios y en cumplirle su menor capricho, es lógico que si la relación termina nos sintamos mucho peor que si tomamos las cosas con más naturalidad.

Estoy segura de que en alguna ocasión, tú, querida lectora, te habrás comportado de manera parecida. A mí me ha resultado muy difícil luchar contra esta costumbre, pero considero que es muy cierta una de las muchas enseñanzas que Juancarlos me transmitió al escribir este libro, y es que "Si siempre haces lo que siempre has hecho, siempre recibirás lo que siempre has recibido".

Por eso en mi nueva relación opté por no hacer cosas que hice en las anteriores; por ejemplo, si el chico quedaba en llamarme y no lo hacía a la hora que había dicho, no resistía y le marcaba una o dos horas después. Ahora no lo hago; si mi novio me dice: "Te llamo" y no lo cumple, yo no lo busco, espero a que aparezca. ¿Cuál es la prisa? Ninguna. Es sólo que vivimos a un ritmo tan acelerado que queremos que las cosas se den de la noche a la mañana, y ¡no es así!

Algo más que observo en las jóvenes de hoy es que tomamos las cosas de manera ¡muy personal! y eso no es positivo. Por ejemplo, si un chico se te acerca en un antro, platica contigo y luego desaparece, no necesariamente es porque no le gustaste o no le caíste bien; tal vez sea todo lo contrario, le gustaste tanto que lo intimidaste y, como no supo controlar la situación, optó por irse. Conozco a un joven de unos veinticuatro años que muere por una amiga mía, le gusta tanto que no se atreve a hablarle, mucho menos a invitarla a salir. ¡Y a ella le encanta! Imagínate, qué tontería; ella cree que no le gusta a él y él no se atreve a actuar.

Ten cuidado, no temas al rechazo porque puedes iniciar la historia de nunca acabar. Insisto, no tomes las cosas de forma personal; si no te llama, tranquila, algo debe de haber sucedido, algo se lo impidió o, sencillamente, no se sentía con ánimo de hablar con nadie. El asunto no es contigo.

Esa noche la charla entre amigas terminó en lágrimas, risas y enojos. No faltó la que le habló a su amor en la madrugada para dejar en su grabadora una canción de amor, o de desamor (dependiendo el caso), una en el celular. No faltó la que le confesó a otra que su galán en turno alguna vez le tiró la onda a ella. Pero, como siempre, llegamos a la conclusión de que estamos unidas y los amamos aunque mal paguen.

Siento que las mujeres actuales estamos muy necesitadas de cariño y de atenciones. Los hombres ya no son como antes, cuando te seducían, te conquistaban, te buscaban. Por eso nosotras hemos cambiado a nuestra manera. Ya no nos enamoramos con tanta facilidad; lo hacemos porque somos sensibles y más románticas que ellos, pero también somos infieles. ¿Por qué? Por muchos factores, por ejemplo:

1. Venganza
2. Falta de "ya sabes qué"
3. Falta de interés o futuro con nuestro galán

Sin embargo, en nosotras sigue imperando el miedo a estar solas. ¿Por qué somos tan dependientes del amor y del cariño de un hombre?

Es muy sencillo: la inseguridad ¡nos mata!, es nuestro peor enemigo. Y aclaro que no hablo sólo de mí, es lo que veo en las chicas. Nos cuesta creer en alguien. ¿Será que hemos sido lastimadas y nos asusta sufrir otro tropezón?

¿O será que nos gustan el drama y el sufrimiento, como a Cami, cuyas relaciones son de gritos y sombrerazos y cuando no vive una situación de ese tipo de alguna manera la provoca para sentir esa adrenalina? Parece que se vuelve una adicción y es muy triste porque ¿cómo puede controlar ella algo así? Ahora sale con otro chico un poquito más joven, que simplemente muere por ella y, aunque a Cami le agrada, no hace gran cosa para acercarse a él. ¡Ah!, pero un día la dejó plantada y no le llamó, y fue cuando de verdad empezó a interesarse en el muchachito. Con Cami todo se convierte en una lucha de poderes, es su estilo de vida, lo que la motiva, lo que le agrada.

A mí, en cambio, no me gustan las relaciones destructivas, nunca peleo ni hago escándalos; más bien, me quedo callada y cuando siento que las aguas ya se calmaron expreso lo que siento. Pero no podría pelear eternamente por teléfono con mi novio como lo hacía Cami con su ex.

Yamilé es muy distinta. Suele decir que a ella nunca le han hecho una mala pasada porque no lo ha permitido, y en cuanto siente que algo así está por venir, manda al tipo a freír espárragos.

—A mí los hombres nunca me han hecho fregaderas, todo lo contrario, yo se las he hecho a ellos —se jactó.

—Qué bien —fue nuestra respuesta.

—Me gustaría ser como tú, fuerte y c..., ése es el modelo que las mujeres deben seguir —opinó Valentina.

—Estoy de acuerdo, pero ¡hazlo!, a ver si es tan fácil —intervino Camila.

A veces me siento confundida respecto a si debemos demostrar nuestros sentimientos a los hombres, pues en cuanto se dan cuenta de que estás muy interesada, parece que les dieras la pauta para alejarse por completo. Por otra parte, si te ven indiferente ¡no quiero ni decirte lo que vas a provocar! Está comprobado.

Un amigo de mi novio me dijo con toda sinceridad que lo mejor que puedes hacer es mostrar indiferencia, pues eso es lo que más los atrae. Aunque te cueste la vida, aunque no resistas las ganas de gritarle a los cuatro vientos que mueres por él, ¡no lo hagas!, cavarías tu propia tumba. Si el chico te interesa, sé inteligente, no te aceleres ni te aloques, ¡cuidado con tus impulsos! Mejor date un baño de agua fría, como sugiere Juancarlos.

Si los hombres supieran la importancia que les prestamos se sentirían los reyes del universo; si supieran el tiempo y la energía que invertimos en ellos se sentirían los reyes *de los reyes* del universo. Pero de ninguna manera debe ser así; es más, sería terrible que este capítulo cayera en manos de un hombre, y si lo está leyendo, pues ni modo, que aprenda y se entere de las necesidades y características de nosotras.

¿Qué pasa cuando esperamos que nuestros galanes nos hablen? No se puede negar que es muy desagradable que te dejen plantada como árbol, casi echando raíces y de aquél ni sus luces. Ya me imagino a Valentina, dado su carácter, protestando molesta:

—No es posible que este pesado no me haya llamado. Son las ocho de la noche, ¡qué se cree! ¡Ah!, pero si me llama, no le voy a contestar, ¡si no es cuando él quiera!

Yo pensaría: "Bueno, ¿cuál es la necesidad?, eso es caer en un juego que no sé cuán sano sea para nosotras". Así imaginé las reacciones de mis otras amigas e, ineludiblemente, vinieron a mi mente no una, sino muchas y muy diversas preguntas. Por ejemplo; se me ocurre una para mi buen amigo Juancarlos, que es la siguiente: "¿por qué las mujeres siempre creemos que ellos van a actuar de la misma manera que nosotras lo haríamos?". Y ya me parece escuchar su respuesta.

Recuerdo que un día le llamé a mi novio y le dejé en su contestadora una canción que había compuesto para él. Me ilusioné con la idea de que lo consideraría un detalle tan bonito que me llamaría enseguida. Pero no fue así y me pregunté: "¿Cómo es posible? Si yo escucho eso, de inmediato le marco para decirle: 'Gracias, me encantó', ¡no sé!, algo, ¡lo que sea!". Me sentí realmente frustrada. Pensé: "¿Qué le sucede a este hombre?, ¿por qué no llamó?".

Ahora lo entiendo: ¡él no piensa como yo ni siente como yo! Su forma de demostrarme que le gustó la sorpresa fue otra, y también muy linda, sólo que como tres horas después. Pero así es, así son ellos, ¿qué podemos hacer? ¿Esforzarnos inútilmente por cambiarlos? o ¿volver a la opción de la soledad?

Valentina, por ejemplo, empezaba a salir con un chico que canceló su boda cuatro meses antes de la fecha y no sabía ni lo que quería, pero ella estaba aferrada a la idea de que eran el uno para el otro.

—Hace unos días le llamé a las dos y media de la mañana para decirle que lo extrañaba —nos confió.

—¡Mal hecho! —le comentamos. Debes respetar su privacidad, sobre todo sus horas de descanso.

Pero ella contestó muy quitada de la pena:

—Yo no tengo ningún prejuicio con eso, siempre hago lo que me nace en el momento en que lo siento.

No le contestamos para no entrar en polémica, pero yo me pregunto si eso está bien. ¿Cuántas de las chicas solas pierden a sus compañeros por esos pequeños y a la vez enormes detalles?

Me parece que lo mejor es recurrir al experto. Juancarlos, por favor, ayúdanos, danos buenos consejos y sugerencias para ponerlos en práctica con los hombres, porque ya no podemos más. Las jóvenes de hoy (no sé si todas) nos sentimos como en una montaña rusa de emociones que lo único que puede provocarnos a la larga es un daño en el corazón. Muchas veces por inexperiencia, otras por resentimiento y otras más, creo que la mayoría, actuamos erróneamente y después pagamos caras las consecuencias.

Un diálogo a manera de análisis

En esta sección hablaremos de un mal común de nuestros días: la soledad, la cual padecemos aun estando inmersas(os) en una sociedad súper poblada, con aglomeraciones, con un ritmo de vida tan acelerado que no nos deja tiempo para nosotras(os) mismas(os), mucho menos para buscar la pareja indicada. Nos ocupamos del tema porque nos interesa sobremanera y lo consideramos digno de análisis.

—Dime, Juancarlos, ¿cuál es tu punto de vista sobre estas "chicas solas"?

—Aline, a ver cuándo me presentas a tus amigas para darles una afinación emocional o de perdida cambiarles el aceite. Ésta es mi manera de decirte que ellas, al igual que muchas mujeres de todas las edades, necesitan aprender un poco de la visión que tenemos los hombres de la vida. Tus amigas están bastante clavadas en el juego de "no demostrarle mis sentimientos a mi novio porque si lo hago se va a aprovechar...".

—¿Y cuáles son las consecuencias de caer en ese juego?

—Bastante perjudiciales, en particular para las mujeres porque se acostumbran a vivir siempre desconfiadas, a la defensiva y, lo que es peor, faltas de sinceridad. Nunca aprenden a ser como quieren ser ni a demostrar lo que sienten por temor a salir lastimadas.

—¿No será que tienen miedo de abrir su corazón a cualquiera?

—Todo en la vida implica riesgo. En este caso puedo mencionarte dos cosas: cuando te atreves a enamorarte siempre corres el peligro de salir lastimada y es mejor expresar lo que sientes que vivir desconectada de tus emociones.

—Entiendo, pero la experiencia nos señala que el juego del amor puede volverse injusto y deshonesto. Puede estar lleno de trampas, mentiras y falsedades. No debería ser así, pero es una realidad que nos complica la vida, como si ésta no estuviera ya llena de problemas. Por ejemplo, para mucha gente el noviazgo es la etapa más falsa y desleal. Pretendes que todo está bien con tal de afianzar tu relación con tu pareja, a quien crees digna de toda tu atención. Si te hace enojar nunca se lo dices por temor a que se moleste contigo; todo te lo guardas. Si deseas llamarle, no lo haces porque tus amigas te han dicho que puede pensar que estás loca por él y esto le dará razones para sacar ventaja en la relación. Suponiendo que esto es verdad, ¿para qué quieres andar con un hombre que abusa de tus expresiones de amor, cariño e interés hacia él, por mucho que te guste?

—Aline, si no quieres ser lastimada en el amor, entonces enciérrate en un convento de la orden de la vela perpetua y aíslate del mundo. Ser lastimada en este aspecto es algo inevitable y hasta cierto punto bueno. Todo depende de cómo manejes las enseñanzas que te deje tu mala experiencia, a las que yo llamo "dolores de crecimiento". Pero hay algo que debes tener muy claro: no podrás crecer si no aprendes de tus errores.

—Creo que empiezo a entenderte.

—Ésa es la idea. Cada vez que termines una relación o te terminen, lo cual es terrible, necesitas hacer un inventario de tu vida emocional. Esto no significa inventarte cosas que te hagan olvidar el dolor que vives. Significa evaluar lo que hiciste, cambiarlo si lo crees necesario y agregar cosas nuevas en beneficio de una relación futura. No tengas miedo de involucrarte con otra persona por temor a ser lastimada. Recuerda el dicho: "El que no arriesga, no gana".

—La dificultad que encuentro en ello es que todos somos muy distintos y lo que a uno le sirve a otro no. Así podría sucederle a las "chicas solas".

—Con respecto a la manera como tú eres, es importante que la gente que te rodea te acepte sin pretender que cambies. Ni más ni menos. Eso de no poder ser tal y como eres simplemente por temor a no ser aceptada es como no comer para no subir de peso; si no te alimentas acabarás por enfermarte. De la misma manera, puedes padecer del alma si no intentas una relación en la que puedas ser tú misma, en la que puedas ser amada como lo anhelas.

—Eso sería sensacional, Juancarlos; con tus palabras me induces a repasar mis propias experiencias y seguir buscando esa relación ideal.

—¿Habías pensado en eso? ¿Cómo te gusta ser amada? ¿Te agrada que te mimen y te hagan piojito? Entonces diseña una relación con un hombre que pueda ofrecerte lo que tú quieres recibir. Eso sí, debes estar dispuesta a brindar también lo que él espera de ti, sin poner en riesgo tus valores morales y espirituales. Esto es lo que en psicología yo llamo tus "límites emocionales". Toma en cuenta que no conseguirás diseñarla como lo deseas si no puedes ser tú misma. No intentes cimentarla en falsedades, pues sólo crearás inseguridad, inestabilidad y, como resultado lógico, fracaso. En otras palabras, atrévete a ser diferente y auténtica.

—Entonces, Juancarlos, para poner un ejemplo, si tienes ganas de decirle a tu galán que cada vez que lo ves tu corazón late sin control, ¿debes decírselo?

—Sí, pero si abusa de tu interés hacia él hazle saber enseguida que no estás interesada en esos jueguitos y que más vale que se calme o perderá la oportunidad de sostener la mejor relación de su vida con la chica más a todo dar de la galaxia.

—Ay, qué exagerado te viste, mi buen Juancarlos.

—No, no es exageración. ¡Exprésate de tu persona en estos términos! Tú eres la mujer más súper, sensacional y chévere que existe. Si en verdad lo crees, vive tu vida así, sensacionalmente, y enseña a los que te rodean a aceptarte y tratarte de la misma manera.

Pero, si aún no crees que eres súper especial y mereces lo mejor, no es tiempo todavía de iniciar una relación seria con nadie.

"Recuerda que el hombre te tratará como tú te trates y te dará lo mismo que tú te des. Conoce gente, relaciónate y de vez en cuando échate una canita al aire con alguien que te guste; eso sí, sin comprometer tus valores, mucho menos poner en riesgo tu vida física y emocional. ¿Relaciones sexuales? Ésa es tu decisión, pues nadie mejor que tú sabe si estás preparada o no para ello. Si eres menor de edad, mi recomendación es que esperes hasta que termines la escuela y madures más. En esta etapa, definitivamente no estás preparada para enfrentar las consecuencias de una relación sexual, como puede ser un embarazo. No olvides que los contactos de este tipo no son un juego ni un pasatiempo. El sexo es algo rico pero muy serio y podría cambiar tu vida si no estás preparada para practicarlo con responsabilidad."

—Juancarlos, ¿qué sucede cuando las chicas carecen de la información sexual adecuada?

—Si tienen dudas sobre la sexualidad, les aconsejo que antes que con nadie hablen con sus padres. Si ellos no están disponibles o preparados para aclararlas, busquen ayuda con su doctor o en una clínica de salud.

—Con respecto a los valores humanos que se involucran en una relación, ¿qué nos puedes comentar?

—Nunca dejes que un hombre abuse de tu persona aunque te parezca el tipo más atractivo. De nada le servirá la galanura si no te respeta y te acepta como eres. Ayúdalo a ser como deseas que sea. Enséñalo a amarte como quieres ser amada y no tengas miedo de decirle lo que te agrada o desagrada. Aprende a expresar tu insatisfacción cuando sea necesario; muchas mujeres no se deciden a hacerlo por temor a lastimar su susceptibilidad. Recuerda que la comunicación es esencial en cualquier relación. Si no ayudas a tu pareja a crecer en su relación contigo ahora que son novios, ¿cómo esperas que él o ella te haga feliz en el futuro, cuando ya vivan juntos o estén casados?

—Juancarlos, ¿cuál es, entonces, tu mensaje final?

—En lo que se refiere a tu relación, enfócate en la idea de diseñar tu vida y la de tu pareja. Diseño crea orden y orden crea tranquilidad. Por otro lado, falta de diseño genera desorden y desorden genera caos. ¿Qué prefieres tú? La conclusión está en tus manos.

Para reflexionar

Aline, Valentina, Camila, Yamilé y Bety, cinco chicas que van en busca de su destino, de una relación estable con un hombre en quien encuentren amor, respeto, comprensión, anhelos muy válidos en todas las personas. Recordemos un adagio bíblico que reza: "Busca y hallarás", el cual puede ser válido en todos los ámbitos de la vida. ¿Tú estás de acuerdo con él o consideras que, llegado el momento, el hombre o la mujer adecuado(a) simplemente aparecerá en tu camino?

Las cinco "chicas solas" aplican diversas estrategias en su relación con el sexo opuesto; debido a las diferencias de edad ven el mundo de manera distinta. Sin embargo, ¿en qué coinciden todas? ¿Crees que sea en esa inevitable sensación de soledad que las invade? ¿O encuentras otras afinidades entre ellas?

Quizá sean triunfadoras en otras áreas, pero en la emocional necesitan todavía algo que le dé cohesión a esa serie de sentimientos desperdigados y tal vez desperdiciados que albergan. A pesar de ser autosuficientes, ¿piensas que les falta, por ejemplo, apoyo, reconocimiento o, sobre todo, compañía, en el amplio sentido de la palabra?

Dos de ellas no son ya tan jovencitas y quizá piensen: "Aún estoy a tiempo, la juventud no es una edad sino una forma de pensar". ¿Estarías de acuerdo con ellas o piensas que la edad es un factor determinante para encontrar compañero(a)?

Es difícil hallar el justo medio para relacionarnos con nuestra pareja y solemos irnos a los extremos: o la idealizamos y actuamos como si fuera nuestro(a) dueño(a) o la tratamos con la punta del pie. ¿La experiencia nos dice que ningún extremo es bueno, pero en verdad es difícil no excedernos cuando el corazón y no la mente impone sus designios.

¿Cómo andas tú en cuestión de amores? ¿Te identificas con las cinco "chicas solas" o tu situación es otra?

Obsérvalas como si te reflejaras en un espejo y analiza con honestidad:

¿Qué imagen te devuelve?

¿Eres también una de ellas?

Si lo eres, el mejor momento para empezar a cambiar tu vida es ¡ahora mismo!

11. Las reglas del amor

En este capítulo presentamos las que consideramos las reglas del amor que rigen nuestra relación de pareja y que tantas veces no manejamos a nuestro favor.

Como todo juego, el amor tiene sus reglas, pero no todas las personas juegan limpio. Nuestra intención es que si sigues las que aquí mencionamos te sientas segura y de alguna manera protegida para entablar una relación futura estable o para mejorar tu relación presente.

Sabemos que las reglas se hicieron para cumplirse, pero los seres humanos somos impredecibles y a la mayoría nos resulta más fácil romperlas.

No lo hagas, pues recuerda que en el juego del amor del cual seas la protagonista, tienes que estar bien para que tu actuación te enriquezca y, sobre todo, te haga feliz.

Lee, analiza y déjate guiar.

1. Crea tus reglas personales, pensando que si tú estás bien, también lo estarán los seres que amas.

2. Aprende a ser exigente en el amor. No es ningún pecado, pues tú mereces lo mejor.

3. Marca límites en todo lo que se refiere a tu persona y a tu vida y nunca los cruces. Tu instinto de supervivencia será tu mejor aliado.

4. Aprende a reconocer que tú eres la persona más importante del universo: créelo, vívelo y disfrútalo.

5. Aprende a escuchar a tu corazón pero también a tu mente. Las pruebas de ensayo y error son las más difíciles de aprobar.

6. Conoce bien a una persona antes de involucrarte sexual y emocionalmente con ella. Date el tiempo que consideres necesario.

7. Construye tu mundo propio, con bases sólidas, pensando en el aquí y ahora, pero también en el mañana.

8. Sé escéptica, hasta que el comportamiento de la otra persona te demuestre que merece tu confianza.

9. Aprende a reconocer que en la vida nada se desperdicia y lo que una persona no valore, otra lo hará.

10. Recuerda que el hombre te tratará de la misma manera como tú te trates. En la escala de los valores humanos colócate en el nivel más alto.

11. Si siempre haces lo que siempre has hecho, siempre recibirás lo que siempre has recibido. Eso es indiscutible, por eso hay que atreverse a romper moldes.

12. No te apresures a tomar cualquier cosa de manera personal, pues hasta el más pequeño detalle puede lastimarte.

13. Confía en tus instintos; constituyen una fuerza interna que puede evitarte muchos problemas.

14. Tú vales por ti misma, no por los demás. No permitas que nadie altere esta verdad y hazla valer.

15. Aprende a decir no cuando sea necesario. Ser demasiado permisiva te debilita.

16. No tengas miedo al rechazo. Date el permiso de ser audaz y sé persistente cuando te propongas algo.

17. No te conformes con lo que te dan y pide más si estás dispuesta a brindar más.

18. Aprende a observar cómo se comportan los que te rodean y después decide cómo actuar tú.

19. Sé femenina y exprésalo con tu propio estilo. Diséñate a ti misma.

20. Ve siempre en busca de tus sueños, pues alguno se hará realidad.

21. Respeta a los demás, pero asegúrate de empezar contigo misma.

22. Tu cuerpo es un templo; cuídalo y respétalo, porque es sagrado. Ello puede definir la clase de vida que te espera.

23. No dejes que tu orgullo le gane al corazón. Consulta a ese amigo que es tu yo interno.

24. Recuerda que si alguien no se enamora de ti, es porque no es tu compañero(a) idóneo(a).

25. Procura no confundir el amor con el capricho. Analiza a buen tiempo lo que sientes.

26. Aprende a administrar tus sentimientos, no los entregues a la ligera. El amor es como el dinero, si no lo cuidas se acaba.

27. Asegúrate de organizar tu vida y tus bienes materiales y emocionales. No lo dejes a la suerte.

28. Deja que el amor fluya, pero tú marca su cauce. La naturaleza es nuestro mejor ejemplo.

29. No temas enfrentar el reto que implica enamorarse y vivir plenamente. Cuando sientas que es el momento, ¡ve por ello!

30. Aprende a vivir con desapego. No te aferres a nadie.

31. Date tiempo de sanar de una mala relación antes de involucrarte en otra. Cuida tu salud emocional.

32. Toma en cuenta que cuando el alumno esté listo, el maestro aparecerá.

33. Lo que es para ti, nada ni nadie te lo quitará. Lucha por ello.

34. Sé independiente y no dejes de prestar atención a tus prioridades por otra persona.

35. El amor sí existe, búscalo dentro de ti y escucha su voz. No te arrepentirás.

36. No mantengas una relación sólo por lástima. Es un juego peligroso que puede engancharte para siempre.

37. Aprende a ser feliz con lo que tienes. Todos los detalles pueden ser importantes.

38. Los cambios siempre son para bien, no te resistas a ellos, ya que constituyen valiosas experiencias de vida.

39. Recuerda que los hombres nunca van a actuar de la manera en que tú lo harías. Sé realista y procede en consecuencia.

40. No bases tus relaciones en el interés material. Recuerda que las mejores cosas de la vida no se compran con dinero.

41. Lucha por ser feliz y cuando lo logres, tus hijos también lo serán. Sé siempre el mejor modelo posible.

42. Procura verte siempre bella, aunque vayas al súper. ¡Uno nunca sabe dónde está el amor!

43. Aprende a estar sola y a disfrutar de tu compañía. El silencio también nos dice muchas cosas, escúchalas.

44. No caigas en la rutina, mucho menos con tu pareja. Cada momento debe ser distinto del otro, debe ser un inicio.

45. ¡Sé creativa! Lo inesperado siempre causa expectativas.

46. No tengas miedo de equivocarte. Todos somos humanos. Lo importante es saber cuál fue el error y no cometerlo de nuevo.

47. No inicies una relación sólo porque te hablaron bonito. Sin duda es agradable, pero no siempre es conveniente. ¡Cuídate!

48. Tu voz es un mandato, ¡utilízalo!

49. Valora tus logros, pero también tus planes futuros. Fíjate metas.

50. Usa siempre tus poderes de: soñar, sentir, amar, imaginar, pensar, crear, elegir, morir o vivir.

Las reglas del amor, de Aline Hernández
se terminó de imprimir en agosto de 2003 en
Litográfica Ingramex, S.A. de C.V.
Centeno Nº 162-1, Col. Granjas Esmeralda
México, D.F.